Die Preßgesetze des Erdballs

Band VI

Die Preßgesetze des Erdballs

In Verbindung mit dem

Institut für ausländisches öffentliches Recht und Völkerrecht in Berlin

und der

Fédération Internationale des Journalistes

Herausgegeben von:

Dr. Viktor Bruns
ordentlichem Professor des öffentlichen Rechts an der Universität Berlin und Direktor des Instituts für ausländisches öffentliches Recht und Völkerrecht

Dr. Kurt Häntzschel
Ministerialdirigenten im Reichsministerium des Innern, Dozenten für Preßrecht an der Universität Berlin, Vorsitzenden der Internationalen Preßrechtskommission der Fédération Internationale des Journalistes

Band VI

1931

Verlag von Georg Stilke, Berlin

Das luxemburgische Preßrecht

von

Dr. Josef M. Bumiller

1931

Verlag von Georg Stilke, Berlin

Schettlerdruck, Köthen (Anhalt)

Inhaltsverzeichnis

Schrifttum.

Monographische Darstellungen des luxemburgischen Preßrechts fehlen; eine kurze allgemeine Übersicht über die preßgesetzlichen Bestimmungen bei

Eyschen, Das Staatsrecht des Großherzogtums Luxemburg in Marquardtsens Handbuch des Öffentlichen Rechts, Freiburg i. Br. 4. Bd. 1890, S. 59 ff.

Eyschen, Das Staatsrecht des Großherzogtums Luxemburg in „Das öffentliche Recht der Gegenwart". Bd. XI. Tübingen 1910, S. 32 ff.

Rousseau, Daniel, La liberté individuelle dans la législation luxembourgeoise. Esch s. Alzette 1906, S. 98 ff.

Ferner über die strafrechtlichen Bestimmungen des luxemburgischen Preßrechts in dem Kommentar zum luxemburgischen Strafgesetzbuch und den strafrechtlichen Nebengesetzen von

Schmit, Etienne, Code pénal Luxembourg 1927, S. 1096 ff.

Abkürzungen.

Bez.Ger.	= Bezirks-Gericht.
C. R. 1868/69	= Compte-Rendu des séances de la Chambre des députés du Grand-Duché de Luxembourg. Session législative de 1868 à 1869. Luxemburg 1869.
Eyschen, Handbuch	= Das Staatsrecht des Großherzogtums Luxemburg in Marquardsens Handbuch des Öffentlichen Rechts.
Eyschen, öffentl. Recht	= Das Staatsrecht des Großherzogtums Luxemburg in „Das öffentliche Recht der Gegenwart", Bd. XI.
Kass.Ger.	= Kassationshof in Luxemburg-Stadt (Obergericht).
Lux.V.	= Verfassung des Großherzogtums Luxemburg vom 17. Oktober 1868, in Fassung vom 15. Mai 1919.
Ob.Ger.	= Obergerichtshof in Luxemburg (Stadt).
Pasic.lux.	= Pasicrisie luxembourgeoise. Recueil de la Jurisprudence luxembourgeoise en matière civile, commerciale, criminelle, de droit public, fiscal, administrativ et notarial.
Pasinom.lux.	= Pasinomie luxembourgeoise ou collection des lois, décrets, arrêtés, règlements généraux et spéciaux.
Preß-G.	= Gesetz vom 20. Juli 1869 über die Presse und die durch die verschiedenen Publikations-Mittel begangenen Vergehen.
Rousseau	= Daniel Rousseau, La liberté individuelle dans la législation luxembourgeoise.
Schmit	= Kommentar zum Code pénal.
StGB.	= Strafgesetzbuch für das Großherzogtum Luxemburg (in der revidierten, vom 15. 10. 1879 ab geltenden Fassung).

Bemerkung: Alle Gesetze, einschl. der Verfassungsurkunde, sind in der offiziellen, im Memorial veröffentlichten deutschen Übersetzung wiedergegeben.

Die gerichtlichen Entscheidungen sind, sofern der Originaltext in französischer Sprache abgefaßt ist, vom Verfasser übersetzt.

Tafel
des luxemburgischen Preß- und Zeitungsrechts.

I. Verfassungsschutz der Preßfreiheit.

Art. 24 der Verfassung des Großherzogtums Luxemburg vom 17. Oktober 1868 (Memorial 1868, S. 220); abgedruckt.

II. Preßgesetze.

1. Gesetz vom 20. Juli 1869 über die Presse und die durch die verschiedenen Publikationsmittel begangenen Vergehen (Memorial 1869, S. 357); abgedruckt.
2. Gesetz vom 1. Mai 1914, betreffend das Verbot, Subskriptionen oder Kollekten zum Zweck der Entschädigung für Bußen, Gerichtskosten und Schadenersatz infolge gerichtlicher Verurteilungen öffentlich anzukündigen oder zu eröffnen. (Memorial 1914, S. 462, als Art. 15 bis im Preß-G. eingefügt.)

III. Literarisches Urheberrecht.

Gesetz vom 10. Mai 1898, das Urheberrecht betreffend (umfaßt literarische, musikalische, graphische und plastische Werke).

IV. Einzelvorschriften.

1. Strafrechtliche Schranken für die Inhaltsgestaltung der Druckschrift.

Strafgesetzbuch.

Art. 66, 67 (Mittäterschaft und Beihilfe durch Anstiftung bzw. Ratserteilung, vgl. Art. 1 Preß-G.).

Art. 144 (Beschimpfung eines eingeführten Kultus).

Art. 191 (Verfälschung von Schriften).

Art. 275 ff. (Beleidigung und Gewalttätigkeit gegen Minister, Abgeordnete und Träger der öffentl. Gewalt).

Art. 299, 300 (Ursprungsangabe von Druckschriften).

Art. 383, 384, 386 (Unzüchtige Schriften).

Art. 443 ff. (Beleidigung, Verleumdung usw. durch die Presse).

Art. 451 (Ausschluß der Einrede, daß eine Druckschrift nur Reproduktion einer bereits erschienenen ist).

2. Nachrichtenschutz.

Gesetz vom 5. Juli 1929 betreffend den unlauteren Wettbewerb (Memorial S. 643).

Gesetz vom 19. Dezember 1929 betreffend die im Großherzogtum bestehenden oder zu errichtenden Rundfunkstationen. (Memorial S. 1110).

3. Preßgewerberecht.

Gesetz vom 1. Januar 1850 über den Hausierhandel (Loi du 1er janvier 1850 sur le colportage), Memorial 1850 S. 33, mit Ergänzungen und Abänderungen vom 12. II. 1855 (Memorial S. 50), 22. Juni 1870 „Gesetz über das Wandergewerbe" (Memorial S. 93) und 14. März 1896 (Memorial S. 147).

Gesetz vom 4. Mai 1877 über den Postdienst (Memorial S. 457) in Fassung vom 26. Juni 1927 (Memorial S. 483).

4. Veröffentlichung von Strafurteilen durch die Presse.

Strafgesetzbuch Artt. 457 und 502.

5. Plakate.

Dekret der franz. Nationalversammlung vom 18.—22. Mai 1791: Decret de l'assemblée nationale relatif au droit de pétition, et qui fixe les cas où les citoyens peuvent requérir la convocation de leur comme (Art. 11: Die Bezeichnung von Stellen, an denen nur behördliche Plakate angeschlagen werden dürfen, erfolgt durch Gemeindevorsteher; Art. 12 Strafbestimmungen bei Zuwiderhandlungen gegen diese Anordnung).

I. Kapitel.

Die begrifflichen Grundlagen des luxemburgischen Preßrechts.

Unter „Preßrecht" im Sinne der luxemburgischen Gesetzgebung ist die Gesamtheit aller derjenigen Sondervorschriften zu verstehen, die die Betätigung des in der Verfassung gewährleisteten Rechts der freien Meinungsäußerung mittels Erzeugnissen der Druckerpresse[1]) regeln.

Das luxemburgische Gesetz vom 20. Juli 1869 faßt die Presse in erster Linie als Publikationsmittel auf und stellt gedankliche Vorstellungen, Aufforderungen, Meinungen und Urteile, die mittels Druckerzeugnissen manifestiert werden, grundsätzlich bestimmten anderen Formen von Gedankenäußerungen (Schriften, öffentliche Reden, Rufe, Bilder,

---

[1]) Der im luxemburgischen Preß-G. gebrauchte Ausdruck „Preßerzeugnis" (vgl. Artt. 17, 20, 26 Preß-G.) ist im Gesetz selbst nicht definiert; unter ihm sind alle Erzeugnisse der Buchdruckerpresse zu verstehen, jedoch nur diese, nicht sonstige, durch mechanische oder chemische Mittel bewirkte Vervielfältigungen von Schriften, für die aber regelmäßig die gleichen Vorschriften gelten wie für die Preßerzeugnisse. Gleichbedeutend mit „Preßerzeugnis" sind die im Preß-G. mehrfach gebrauchten Bezeichnungen eines Preßerzeugnisses als „Druckwerk", „Druckschrift" oder „gedruckte Schrift"; daß es sich lediglich um einen sachlich bedeutungslosen Wechsel im Ausdruck handelt und unter den Bezeichnungen „Preßerzeugnis", „Druckwerk", „Druckschrift" oder „gedruckte Schrift" nur Preßerzeugnisse im engsten Sinne des Wortes (d. h. im Gegensatz zu den auf andere Weise vervielfältigten Schriften) zu verstehen sind, ergibt sich aus der Entstehungsgeschichte des Gesetzes (C.R. 1868/9 Annexes S. 325) und aus dem Gesetzestext selbst. In Art. 21 ist von „Schrift oder Druckwerk", in Art. 11 und 28 von „Schriften" oder „Druckschriften", in Art. 4 und 18 von „ausgestellten Schriften, Druckschriften, Bildern oder Bildwerken irgendwelcher Art", in Art. 26 von „Schriften oder Preßerzeugnissen", in Art. 1 von „gedruckten oder nicht gedruckten Schriften" die Rede. „Durch die Presse begangene Vergehen" (Art. 19, 25), „Preßvergehen" (Art. 26 und 29) und „Berichterstattungen mittels der Presse" (Art. 15) sind nur solche Handlungen, zu deren Begehung Preßerzeugnisse im engsten Sinne des Wortes verwandt worden sind. Vgl. auch Ob.Ger. 5. I. 1917, Pascr. X, S. 4, aber Kap. V: Verjährung der Preßdelikte.

Abzeichen, Figuren, Bildwerke) gleich[1]). Infolgedessen gelten für Meinungsäußerungen, die durch gedruckte Schriften kundgegeben werden, die allgemeinen rechtlichen Vorschriften, denen alle Betätigungsformen unterworfen sind, durch die gedankliche Vorstellungen zum Ausdruck gebracht werden[2]).

Diese Gleichstellung ist jedoch nur eine grundsätzliche; die Meinungsäußerung mittels Preßerzeugnissen ist durch viele besondere Vorschriften rechtlich geregelt. Es gelten für die Presse spezielle, in der luxemburgischen Verfassung z. T. ausdrücklich ausgesprochene Freiheiten von behördlichen Maßnahmen, deren besondere Erwähnung im Text der Verfassung in erster Linie aus den Zeitverhältnissen zu erklären ist, unter denen die Verfassung geschaffen wurde[3]).

---

[1]) Dies bringt schon die Überschrift des Ges. vom 20. Juli 1869 zum Ausdruck, in dem nicht lediglich preßrechtliche, sondern auch viele andere Tatbestände geregelt sind, die mit Preßerzeugnissen in keinem Zusammenhang stehen, aber Mittel zu Meinungsäußerungen darstellen. Vgl. auch Cap. I, Einleitung: „durch die Presse oder auf andere Publikations-Weise begangene Vergehen".

[2]) Z. B. Artt. 1, 2, 3, 4, 5 und 11 des Preß-G.

[3]) Z. B. in Art. 24: „Die Zensur bleibt für immer aufgehoben." „Die Stempelabgabe der inländischen Zeitungen und periodischen Schriften ist abgeschafft." — Das wechselvolle politische Schicksal Luxemburgs spiegelt sich in seinem geltenden Preßrecht wider. Die Annexion des Landes durch Frankreich 1794—1814 brachte, nachdem am 16. frimaire Jahr V eine Gleichberechtigung der Luxemburger erreicht war, die in der franz. Revolution erzielten Freiheiten, aber auch die späteren preßgesetzlichen Einschränkungen der napoleonischen Zeit (Gesetz v. 7. Germinal Jahr XIII). Nach der Befreiung Luxemburgs wurde im Staatsgrundgesetz vom 24. August 1815 (Art. 227) von Wilhelm I. der Niederlande volle Preßfreiheit proklamiert (Eyschen, Handbuch, S. 59); da jedoch Luxemburg Mitglied des deutschen Bundes war, wurden die sog. Karlsbader Beschlüsse vom 20. 9. 1819, 16. 8. 1824 und 5. 7. 1832 durch Kgl. großh. Dekret vom 4. 8. 1832 im Großherzogtum für anwendbar erklärt (Pasinom. lux. 1830 bis 1840, S. 89) u. a. somit die Preßzensur für Schriften von weniger als 20 Druckbogen wiederhergestellt und zum Zensor der Präsident des Regierungskollegiums bestellt; durch Kgl. großh. Beschluß v. 22. 11. 1847 (Pasinom. 1840—1848, S. 710), die Konzessionspflicht für alle periodisch erscheinenden Schriften eingeführt. Bereits am 15. 3. 1848 wurde aber durch Kgl. großh. Beschluß (Memorial 1848, S. 193) unter Hinweis auf den Beschluß der deutschen Bundesversammlung vom 3. März 1848 die Zensur wieder aufgehoben. Art. 25 der luxem-

Sodann stellt die besondere Erwähnung dieser Freiheiten der Presse einen wirksamen, für das Geistesleben des einzelnen wie der Volksgesamtheit wichtigen Schutz der freien Gedankenäußerung mittels Druck dar und verhindert die Einführung unnötiger oder schädlicher Beschränkungen der Presse durch die Verwaltung. Die Sondervorschriften über diesen Schutz der Freiheit bezeichnet man als Preßverwaltungsrecht.

Andererseits erfordert aber die Eigenart der Presse im Gegensatz zu den anderen Mitteln, durch die vom Recht der freien Meinungsäußerung Gebrauch gemacht werden kann (Möglichkeit der Anonymität, besonders rasche und weite Verbreitungsmöglichkeit einer Druckschrift, die eigentümliche „Macht des gedruckten Wortes"), auch Sicherungen durch besondere Ordnungsvorschriften gegen jene Gefahren, die durch Mißbrauch einer schrankenlosen Preßfreiheit entstehen können, und Schutz vor Schäden, die eine gewissenlose Einwirkung auf die Bevölkerung mittels Druckschriften für das Volksganze hervorrufen kann. Die im Inter-

burgischen Verfassung vom 9. 7. 1848 (Memorial 1848, S. 389) entspricht dem heutigen geltenden Wortlaut des Art. 24 der luxemburgischen Verfassung vom 17. 10. 1868).

Diese Regelung geriet in Gegensatz zum Bundesbeschluß vom 6. 7. 1854; in der luxemburgischen Verfassung vom 27. 11. 1856 (Memorial 1856, S. 225) wurden daher die Bestimmungen über Aufhebung der Kautionen, Stempelabgaben und subsidiäre Verantwortlichkeit von Verleger, Drucker usw. weggelassen, ferner durch Kgl. großh. V.O. vom 1. 12. 1856 (Memorial 1856, S. 253) unter Veröffentlichung des genannten Bundesbeschlusses die Ausübung des Preßgewerbes von einer — widerruflichen — Bewilligung seitens der Verwaltungsbehörden abhängig gemacht und die Institution des verantwortlichen Redakteurs eingeführt; durch die Gesetze vom 15. 7. 1859 (Memorial S. 193) und 31. 10. 1861 (Memorial 1861, S. 137) wurde jedoch die Ermessensfreiheit der Verwaltungsbehörde weitgehend eingeschränkt.

Mit der Auflösung des deutschen Bundes kamen die bisherigen Bindungen für Luxemburg in Wegfall. Der Art. 24 Verf. v. 1868 stellte die Preßfreiheit wieder in der in Art. 25 der Verf. von 1848 verkündeten Form her. Das im Anschluß an die neue Verfassung ergangene Gesetz vom 20. 7. 1869 besteht, von einer Ergänzung durch das Ges. vom 1. 5. 1914 abgesehen, seither in unveränderter Form fort. Daneben gilt noch eine aus der Zeit der französischen Annexion herrührende Bestimmung für Plakate.

esse dieser Sicherheit erlassenen Ordnungsvorschriften gegenüber der Presse bilden das **Preßpolizeirecht**.

Zum Preßrecht gehören ferner die Vorschriften über Herstellung und Vertrieb von Druckschriften (**Preßgewerberecht**); die Sondervorschriften über die Verfolgung und Bestrafung der bei Ausübung der freien Meinungsäußerung durch Preßerzeugnisse begangenen strafbaren Handlungen gehören dem **Preßstrafrecht** an.

II. Kapitel.

Die Freiheit der Presse.

A. Begriff, Wesen und Inhalt der Preßfreiheit.

Die luxemburgische Verfassung gewährleistet die „Freiheit, seine Meinung in allen Dingen durchs Wort kundzugeben, sowie die **Freiheit der Presse**“, mit der Einschränkung: „vorbehaltlich der Strafmaßregeln gegen die Vergehen, welche bei Gelegenheit der Ausübung dieser Freiheiten begangen werden“. Der Begriff „Freiheit der Presse“ ist in der Verfassungsurkunde nicht näher definiert; man setzte ihn vielmehr als bekannt voraus und verstand Freiheit von allen damals zur Anwendung gebrachten oder erstrebten behördlichen Beaufsichtigungs- und Beschränkungsmaßnahmen, deren Abschaffung in der luxemburgischen Verfassung des Jahres 1848 bereits erreicht worden war.

Diese Preßfreiheit der luxemburgischen Verfassung gewährleistet die freie Meinungsäußerung durch den Druck, sie ist eine materielle Freiheit, aber **keine schrankenlose Ungebundenheit**, jegliche Meinung zu äußern. Vielmehr enthält die Verfassung selbst einen Vorbehalt: in Ausübung der Preßfreiheit begangene Vergehen[1]) unterliegen der Strafe.

Die Preßfreiheit ist somit ihrem Wesen nach **verfassungsmäßige Beschränkung der staatlichen Hoheitsrechte gegenüber der Presse**, ohne Rücksicht darauf, ob es im konkreten Falle Meinungsäußerungen sind, die eine durch die Strafgesetze verbotene Handlung darstellen. Der durch strafrechtliche Bestimmungen erstrebte Schutz des Individuums und der Interessen der Volksgesamtheit wird aber durch die verfassungsmäßig gewährleistete

[1]) im Sinne jeder strafbaren Handlung.

Preßfreiheit nicht berührt. Eine Garantie gegen Änderungen dieser Gesetze und Erweiterungen dieses Schutzes wollte die luxemburgische Verfassung nicht geben. Garantiert ist durch Art. 24 die freie Meinungsäußerung des Staatsbürgers allgemein, sowie besonders auf demjenigen Gebiet, auf dem sie sich am wirksamsten betätigen kann und deshalb zeitweise am meisten beschränkt war, der Presse. Einzelne, in Anwendung des Prinzips der Preßfreiheit aufgehobene behördliche Maßnahmen gibt Art. 24 selbst an:

Die Zensur bleibt für immer aufgehoben.

Von Schriftstellern, Verlegern, Druckern dürfen keine Kautionen erhoben werden.

Die Stempelabgabe für inländische Zeitungen ist abgeschafft.

Der Schutz der Presse dient aber nur — auch dies ergibt sich aus der Entstehungsgeschichte des Art. 24 — der freien Entfaltung gedanklicher Vorstellungen, denn nur insoweit besteht Schutz vor einengenden behördlichen Maßregeln. Die Presse als Mittlerin gedanklicher Vorstellungen ist auch hinsichtlich der Herstellung und Verbreitung ihrer Erzeugnisse geschützt. Ohne diese Ausdehnung des ihr eingeräumten Schutzes ist die Preßfreiheit illusorisch. Gegenüber der Rechtspflege ist eine Sonderstellung der Preßfreiheit nicht allgemein gegeben; einen besonderen Schutz in strafrechtlicher Beziehung nennt jedoch Art. 24 der Verfassung: Drucker, Verleger und Verteiler dürfen nicht verfolgt werden, wenn der Verfasser bekannt, wenn er Luxemburger und im Großherzogtum ansässig ist.

Die Ausgestaltung des Preßrechts blieb, von den in der Verfassung gegebenen grundsätzlichen Regelungen abgesehen, der Gesetzgebung vorbehalten.

B. Gesetzlich angeordnete oder zulässige Beschränkungen der Preßfreiheit.

Die Ausübung der Preßfreiheit wird im Preß-G. selbst in mehrfacher Beziehung an beschränkende Bedingungen geknüpft.

Beschränkungen sind die Vorschriften über die „Ordnung der Presse[1])“, denen andere Formen der Meinungskundgebung nicht unterworfen sind (auch nicht die „Schriften“ im Sinne des

---

[1]) Vgl. III. Kapitel.

Gesetzes vom 20. Juli 1869)[1]), sodaß in diesen Fällen der Presse Bindungen auferlegt sind, denen sie nach den allgemeinen Gesetzen nicht unterworfen wäre.

Ferner bestehen eine Reihe von Ausnahmevorschriften strafrechtlichen Charakters, die nur die Presse betreffen[2]). Verletzung oder Lächerlichmachung eines im Großherzogtum eingeführten Kultus, falsche Berichte über Sitzungen der Kammer, des Staatsrats oder der Gerichte, das Verbot, über Sitzungen der Kammer zu berichten, die hinter verschlossenen Türen abgehalten werden, die Fabrizierung oder Zuschreibung von Aktenstücken, wodurch der öffentliche Friede gestört oder das Vermögen und die Ehre der Staatsbürger gefährdet werden können, sind nur strafbar (oder Tatbestand besonderer strafrechtlicher Bestimmungen), wenn sie durch die Presse begangen werden. Einige andere Deliktstatbestände treffen sowohl die Presse wie auch bestimmte andere Publikationsmittel.

Für die im Ausland erscheinenden Zeitungen kommt ferner als Beschränkung die Entziehung des Postdebits in Frage, hingegen besteht keine Möglichkeit, ein Zeitungsverbot gegenüber einer in- oder ausländischen Zeitung auszusprechen. Ebenso ist die Institution des Ausnahmezustandes dem luxemburgischen Staatsrecht fremd.

C. Die Privilegien der Presse.

Um der Presse die Möglichkeit einer durch Gerichte und Behörden unbehinderten freien Entfaltung und Tätigkeit zu geben, ist die Presse in mehrfacher Hinsicht privilegiert[3]).

Preßdelikte und die auf sie gegründeten Zivilklagen (einschl. der wegen Quasi-Delikten angestrengten Klagen) unterliegen einer besonderen abgekürzten Verjährung, die polizeiliche und friedensrichterliche Beschlagnahme bedürfen der Bestätigung durch die Ratskammer, der wegen eines Preßdeliktes angeschuldigte Luxemburger darf nicht verhaftet werden, bis ein Urteil oder Versäumnisurteil ergangen ist.

Verfassungsrechtlich privilegiert sind Verleger, Drucker

---

[1]) Deutlich in Art. 299 StGB. „Druckschriften irgendwelcher Art".

[2]) Zum folgenden vgl. Kap. V und VI.

[3]) Im einzelnen Kap. V.

und Verteiler. Sie dürfen nicht verfolgt werden, wenn der Verfasser eines Artikels bekannt ist, wenn er Luxemburger und im Großherzogtum ansässig ist.

In steuerlicher Hinsicht besteht folgende Garantie:

Die Stempelabgabe von inländischen Zeitungen und periodischen Zeitschriften ist durch Art. 24 der Verfassung abgeschafft.

D. Die Freiheit der Presse als der Hüterin öffentlicher Interessen.

Der besonderen Bedeutung der Presse, insbesondere der Zeitungen, die nicht lediglich als Erwerbsunternehmen zu betrachten sind, vielmehr im geistigen und politischen Leben des Volkes eine besondere Mission erfüllen und durch Kritik, Aufdeckung von Mängeln und Mißständen an der Förderung und Bessergestaltung der sozialen Beziehungen aller Kreise der Bevölkerung untereinander arbeiten sollen, trägt die luxemburgische Gesetzgebung nur teilweise Rechnung. Die für ihre Entstehungszeit (1869) außerordentlich freiheitliche Ausgestaltung des luxemburgischen Preßrechts ist bisher unverändert geblieben, obwohl sich die Verhältnisse infolge des in den letzten Jahrzehnten mächtig gesteigerten Einflusses der öffentlichen Meinung auf die Führung der politischen Geschäfte und der Demokratisierung des politischen Lebens gewandelt haben und die Aufgabe der Presse besonders verantwortungsvoll geworden ist. Die besondere Mission der Presse muß durch einen entsprechenden rechtlichen Schutz bei der Durchführung ihrer Aufgabe erleichtert werden.

Die luxemburgische Rechtsprechung hat sich den veränderten Umständen nach Möglichkeit angepaßt und aus der Tatsache, daß das Verhalten der Bürger „unter der öffentlichen Kontrolle der Zeitungen steht[1])", die entsprechenden Folgerungen gezogen. Das „Recht" der Presse, Mißbräuche im öffentlichen Leben zu kritisieren, ist anerkannt, die Ausübung dieses Rechts hat aber allerdings zur Voraussetzung, daß — frei von aller böswilligen Absicht — der einzige Zweck verfolgt wird, die öffentlichen Interessen zu wahren[2]). In ständiger Rechtsprechung

[1]) Vgl. Pascr. X, S. 448.

[2]) Ob.Ger. 21. II. u. 28. III. 1914, Pascr. IX, S. 326 und vgl. Ob.Ger. 21. II. 1914, Pascr. IX, S. 341: „die Presse kann und soll Handlungen von Abgeordneten kritisieren, die das öffentliche Leben angehen . . . aber die Kritik an den bezeichneten Abgeordneten darf

hat der Obergerichtshof jedoch darauf hingewiesen, daß der Autor, der eine zu mißbilligende Tatsache kritisiert, die ihm von dritter Seite mitgeteilt worden ist, nur dann geschützt ist, wenn er nachzuweisen vermag, daß er nichts vernachlässigt hat, um sich im Rahmen des Möglichen darüber zu vergewissern, ob die ihm mitgeteilten Tatsachen den Umständen und ihrer Tragweite nach zutreffend sind, so daß sie vor die Öffentlichkeit gebracht werden können, sowie darüber, ob sie glaubhaft sind, um so zu vermeiden, daß der Autor als Sprachrohr für heimtückische Quertreibereien und Bosheiten mißbraucht wird[1]). Liegen die genannten Voraussetzungen vor, so sind im Interesse der Öffentlichkeit ausgesprochen abfällige Kritiken — mögen sie auch „herb" sein — in Zeitungen straflos, vorausgesetzt, daß keine böswillige Absicht mitgespielt hat oder die Veröffentlichung nur dem Zwecke diente, die Neugierde des Publikums zu befriedigen. Insoweit ist die Presse als Hüterin der öffentlichen Interessen durch die Rechtsprechung anerkannt. Zwar ist der Umstand, daß der Autor aufrichtig für berechtigte öffentliche Interessen eintritt, wie der Obergerichtshof ausdrücklich betont, nach luxemburgischem Recht an sich kein Rechtfertigungsgrund (Unrechtsausschließungsgrund), aber zutreffendenfalls ausreichend, um das Nichtvorhandensein der „böswilligen Weise" (esprit de méchanceté) als bewiesen anzunehmen und aus diesem Grunde zu einem Freispruch zu gelangen[2]).

Gestützt wird diese Rechtsprechung, die der Presse ein allgemeines Recht zur Kritik an den öffentlichen Zuständen zugesteht, durch die luxemburgische Strafgesetzgebung hinsichtlich der Beleidigung im allgemeinen, im be-

nicht verleumderisch oder beleidigend sein", ferner Ob.Ger. 23. 3. 1912, Pascr. VIII, S. 346, „die Presse hat das Recht, ja sogar die Pflicht, die Mißstände zu kritisieren, die im öffentlichen Leben in Erscheinung treten".

[1]) Pascr. VIII, 51, 346, IX, 326, 341, 343.

[2]) Ob.Ger. 9. 3. 1918, Pascr. X, S. 447. Die — von privater Seite stammende — Überschrift zu dieser Entscheidung spricht, was zu Mißverständnissen führen kann, vom Fehlen des „animus injuriandi". Wie aus Ob.Ger. 22. 10. 1910 Pascr. VIII, S. 51 hervorgeht, genügt zum Nachweis der beleidigenden Absicht das Bewußtsein, daß die angezogene Tatsache ihrer Natur nach die Ehre des anderen angreift. Über „herbe Kritik", die aber nicht die Ehrenhaftigkeit der kritisierten Person angreifen darf, vgl. Ob.Ger. 22. Juli 1899, Pascr. V, S. 160.

sonderen durch Art. 7 des Preß-G., der allerdings nicht nur die durch die Presse begangenen Beleidigungen betrifft. Nach luxemburgischem Recht ist der Tatbestand einer Verleumdung (calomnie) gegeben, wenn in „böswilliger Weise" jemand einer bestimmten Handlung bezichtigt wird, die geeignet ist, dessen Ehre anzugreifen oder ihn der öffentlichen Verachtung auszusetzen und das Gesetz den Wahrheitsbeweis der behaupteten Tatsachen zuläßt. Zugelassen ist aber grundsätzlich nur der Beweis durch Urteil oder authentische Aktenstücke. Ist der Wahrheitsbeweis nicht zugelassen, so liegt Diffamation vor (Art. 443 ff. StGB.). Strafbar ist ferner die formelle Beleidigung (injure).

Dem wegen eines Vergehens der Verleumdung Angeklagten ist jedoch die Vergünstigung eingeräumt, den Wahrheitsbeweis in jeder üblichen Weise zu erbringen, wenn sich die Behauptung einer ehrenrührigen Tatsache gegen Inhaber oder Agenten der Gewalt, gegen eine mit einem öffentlichen Charakter bekleidete Person[1]) oder gegen eine ganze, gesetzlich bestehende Körperschaft richtet und Tatsachen anlangt, die die Amtspflichten der genannten Personen oder Körperschaften betreffen (Art. 7). Der Beweis der den Gegenstand der Beschuldigung ausmachenden Tatsachen schützt den Urheber der Beschuldigung gegen jegliche Strafe und Schadensersatz, unbeschadet der formellen Beleidigung (injure), die „nicht notwendigerweise von den nämlichen Tatsachen" abhängig ist (Art. 8 Preß-G.)[2]). Ferner bestimmt Art. 448 StGB., daß trotz Vorliegen des gesetzmäßigen Beweises eine Verurteilung des Angeklagten wegen böswilliger Verbreitung (divulgation méchante) zu erfolgen hat, wenn die Bezichtigung (von Privatpersonen und Agenten der öffentlichen Gewalt usw.) „ohne irgendeinen dem öffentlichen oder privaten Interesse entnommenen Beweggrund und zu dem einzigen Zweck aufgestellt ist, um zu schaden".

Handelt es sich um Tatsachen, die dem Privatleben eines Trägers der öffentlichen Gewalt angehören, so darf der

---

[1]) Z. B. Abgeordnete, aber nicht Geistliche, Notare usw.

[2]) Art. 7 ist als Art. 447 in das revidierte StGB. übergegangen. Prozessuale Vorschriften über Anbieten und Antreten des Wahrheitsbeweises und des Gegenbeweises in Art. 9, über Strafantrag Art. 10 Preß-G. (als Art. 450 ins StGB. übernommen).

Beweis nur durch Urteil oder authentische Aktenstücke erbracht werden.

So ist bereits durch die Gesetzgebung das Bedürfnis nach einer Kritik an den Zuständen im öffentlichen Leben, insbesondere am Verhalten der im politischen Leben stehenden Mitglieder gesetzlicher Körperschaften wie auch der Träger der öffentlichen Gewalt weitgehend berücksichtigt. Daß der Presse in erster Linie die gesetzlich eingeräumten Vergünstigungen zugebilligt werden müssen, Kritik im öffentlichen Interesse zu üben, ist in der luxemburgischen Praxis stets anerkannt worden.

Andererseits ist das zur wirksamen Durchführung jener der Presse zugewiesenen Aufgaben wesentliche Redaktionsgeheimnis nicht gesetzlich anerkannt oder geschützt. Nach der Entscheidung des Obergerichtshofes[1]) gehören Herausgeber, Drucker, Redakteure usw. nicht zu den in Art. 458 StGB. genannten „anderen Personen, welchen auf Grund ihres Standes oder ihres Gewerbes Geheimnisse anvertraut werden". Es wird ihnen daher das Recht der Zeugnisverweigerung nicht zugebilligt.

Vorschriften, die die innere Freiheit und Unabhängigkeit des redaktionellen Teils der Presse gegenüber privatwirtschaftlichen Einflüssen sichern sollen, kennt die luxemburgische Gesetzgebung nicht.

E. Die Preßfreiheit der Ausländer und ausländischen Druckschriften.

Das luxemburgische Preß-G. gilt grundsätzlich auch für Ausländer, soweit sich nicht aus dem Gesetz selbst etwas Abweichendes ergibt. Das Privileg des Art. 25 (keine Verhaftung eines wegen eines Preßdeliktes Angeschuldigten vor Verurteilung) gilt nur für Luxemburger[2]), ferner kann ausländischen Zeitungen das Postdebit entzogen werden, inländischen jedoch nicht.

Wegen Beleidigungsdelikten, die in ausländischen Zeitungen begangen sind, können die Urheber und Verbreiter, die sich in Luxemburg aufhalten, belangt werden[3]). „Ausländisch" ist jede nicht in Luxemburg gedruckte Zeitung.

---

[1]) Ob.Ger. 26. II. 1918, Pascr. X, S. 329 und Ob.Ger. 25. Juni 1892 Pascr. IX, S. 523 (wiederholt).

[2]) Vgl. auch Rousseau, a. a. O., S. 93.

[3]) Näheres V. Kapitel.

Herrschender Meinung nach gelten die Vorschriften über Ursprungsangabe und Abgabe von Pflichtexemplaren nur für die inländischen Zeitungen, das Entgegnungsrecht steht aber auch Ausländern zu.

III. Kapitel.

Die Ordnung der Presse (Preßpolizei).

Unter dem Titel „Preßpolizei[1])" faßt das luxemburgische Preß-G. bestimmte für Druckerzeugnisse geltende Sondervorschriften zusammen, die den Zweck haben, dem Mißbrauch der Preßfreiheit entgegenzuwirken. Dieser Zweck soll dadurch erreicht werden, daß vor allem der Ursprung jedes Preßerzeugnisses durch Angabe des Namens und Wohnsitzes des Druckers sichergestellt wird (Art. 20), um eine etwaige strafrechtliche Verfolgung des Urhebers zu erleichtern, ferner durch die Verpflichtung, von jeder Zeitung oder periodischen Schrift an bestimmte Behörden je ein Exemplar abzuliefern (Art. 21, 22), sowie durch das Entgegnungsrecht, das jeder in einer Zeitung genannten Person eingeräumt ist (Art. 23). Die Zuwiderhandlungen gegen diese Vorschriften sind als „Preßpolizeidelikte" anzusehen.

Auf die Ausgestaltung dieser drei Institutionen des Preßrechts ist im einzelnen einzugehen. Das Institut des verantwortlichen Redakteurs ist dem luxemburgischen Preßrecht nicht bekannt[2]).

A. Die Ursprungsangabe.

„Jedes Preßerzeugnis muß in sichtlicher Weise die richtige Angabe des Namens und des Wohnsitzes des Druckers an sich tragen" (Art. 20, Abs. 1).

Die Kenntnis des Ursprungs einer Druckschrift ist, wenn die Druckschrift den Tatbestand eines Delikts enthält, Voraussetzung für die Verfolgung des Urhebers der deliktischen Handlung sowie für die Durchführung einer Beschlagnahme bzw. Konfiskation. Der Erreichung dieses Zieles dient die Ursprungs-

[1]) Besser die Überschrift des franz Textes „Du regime de la presse", denn die Vorschriften des Kapitels II handeln nicht ausschließlich von polizeilichen Maßnahmen zur Überwachung der Presse.

[2]) Vgl. aber Kapitel V. B. Die besondere strafrechtliche Verantwortlichkeit des Druckers.

angabe, durch welche in jedem konkreten Fall die Behörden in die Lage versetzt werden, die für eine strafbare Handlung verantwortliche (physische) Person und den Ort, wo das Preßerzeugnis hergestellt wurde, einwandfrei zu ermitteln. Nach luxemburgischer Rechtsprechung ist dem Zweck der Vorschrift des Art. 20, Abs. 1 bereits genügt, wenn Name und Sitz der Firma (z. B. einer Aktiengesellschaft) angegeben sind, von der ein Preßerzeugnis stammt; der Direktor des Unternehmens oder der Herausgeber der Druckschrift brauchen nicht namentlich genannt zu werden[1]).

Von der Pflicht der Ursprungsangabe sind befreit: „kleinere, durch die Bedürfnisse des Handels oder die gesellschaftlichen Verhältnisse bedingte Drucksachen". Das Gesetz nennt als Beispiele „Formulare, Etiketten, Visitenkarten u. dgl." (Art. 20, Abs. 2).

Preßerzeugnisse, die den Vorschriften des Art. 20 nicht entsprechen, unterliegen der Beschlagnahme und der Einziehung (Konfiskation).

Die Nichtbefolgung der Vorschriften über die Ursprungsangabe ist in Art. 299 StGB. unter Strafe gestellt; mit Gefängnis von acht Tagen bis zwei Monaten und mit Geldstrafe wird bestraft, wer wissentlich zur Veröffentlichung oder Verteilung von Druckschriften irgendwelcher Art[2]) beiträgt, in welchen die richtige Angabe des Namens und des Wohnortes des **Verfassers oder** des **Druckers** fehlt. Eine Druckschrift, die **nur** den Namen des **Verfassers** trägt, entspricht somit nicht den Bestimmungen des Art. 20, Abs. 1 Preß-G., kann beschlagnahmt und konfisziert werden, doch tritt in diesem Falle keine strafrechtliche Verfolgung des Druckers, Verbreiters usw. ein. Nur auf Geldstrafe darf ferner erkannt werden, wenn die ohne die erforderlichen Angaben veröffentlichte Druckschrift einen Teil der Veröffentlichung bildet, deren Ursprung durch ihr früheres Erscheinen bekannt ist (Art. 299, Abs. 2 StGB.).

Durch Angabe des Druckers werden die übrigen an der Veröffentlichung oder Verteilung eines den Vorschriften des Art. 20 nicht entsprechenden Preßerzeugnisses straffrei, ebenso

---

[1]) Trib. corr. Luxemburg, 21. I. 1905, Pascr. VII, S. 23.

[2]) Art. 20, Abs. 1 Preß-G. spricht von „Preßerzeugnis", Art. 299 StGB. z. B. von „Druckschriften irgendwelcher Art". Doch besteht kein sachlicher Unterschied zwischen den beiden Ausdrücken. (Vgl. S. 11, Anm. 1.)

die Ausrufer, Ankleber, Verkäufer und Vertreiber, wenn sie denjenigen angeben, von dem sie die Druckschrift erhalten haben (Art. 300 StGB.).

B. Die Ablieferung von Pflichtexemplaren.

Von jeder Zeitung oder periodischen Schrift ist bei Beginn der Verteilung und Veröffentlichung je ein Exemplar dem Generaldirektor (der Justiz) und dem Parket des Obergerichts einzureichen, ferner auch dem Parket desjenigen Bezirksgerichtes, in dessen Bezirk die Zeitung oder periodische Schrift gedruckt wird. Findet der Druck nicht im Hauptorte des Bezirks statt[1]), so ist sowohl bei dem Bezirksgericht wie auch bei einem vom Generaldirektor bezeichneten Beamten ein weiteres Exemplar zu hinterlegen.

Die Pflicht der Hinterlegung „soll die Versendung oder Verteilung der Zeitungen nicht verschieben noch aufhalten" (Art. 21, Abs. 2 Preß-G.).

Ferner ist von jeder Schrift und jedem Preßerzeugnis[2]) unter zwanzig Druckbogen wenigstens 24 Stunden vor der Verteilung und Veröffentlichung dem Generaldirektor „des betreffenden Dienstes[3])" (d. i. der Justiz) sowie den übrigen bereits genannten Dienststellen je ein Exemplar einzureichen (Art. 21, Abs. 3). Von dieser Verpflichtung sind alle Druckschriften befreit, die nicht den Vorschriften des Artikels 20 (Ursprungsangabe) unterliegen (Art. 21, Abs. 4 Preß-G.).

Die Übertretung der Vorschriften über die Ablieferung von Pflichtexemplaren wird mit Geldstrafen geahndet; verantwortlich für die Beobachtung der Vorschriften ist der Drucker, in Ermangelung desselben der Verbreiter einer Druckschrift bzw. Schrift (Art. 22 des Preß-G.).

---

[1]) Luxemburg hat nur zwei Bezirke, deren Hauptorte Luxemburg-Stadt und Diekirch Sitz der beiden Bezirksgerichte sind.

[2]) Art. 21, Abs. 3 spricht von „jeder Schrift oder jedem Druckwerk". Vgl. S. 11, Anm. 1.

[3]) Die luxemburgische Regierung setzt sich aus dem Staatsminister (als Präsident) und mehreren, gegenwärtig drei, Generaldirektoren (für Inneres und Justiz, für öffentliche Arbeiten, Handel und Industrie, sowie für Finanzen, soziale Fürsorge und Arbeit) zusammen. Näheres bei Eyschen, Handbuch, S. 113, Eyschen, Öffentl. Recht, S. 76.

C. Das Entgegnungsrecht.

Jede in einer Zeitung namentlich oder indirekt bezeichnete Person hat das Recht, in dieselbe eine Entgegnung aufnehmen zu lassen (Art. 23, Abs. 1 Preß-G.). Das gleiche Recht steht den mit der „öffentlichen Gewalt betrauten Kollegien" oder „sonstigen konstituierten Kollegien" (z. B. Abgeordnetenkammer, Gerichtskollegien) als solchen, sowie — zur Vermeidung von Zweifeln ausdrücklich erwähnt, obschon sie bereits unter den Begriff „namentlich oder indirekt bezeichnete Person" subsumierbar sind — den öffentlichen Beamten, sonstigen Agenten der öffentlichen Gewalt sowie den Mitgliedern aller genannten Kollegien in Ansehung von Handlungen zu, welche zu ihren Amtsbefugnissen gehören, und zwar „auch dann sogar, wenn keine Person bezeichnet worden wäre" (Art. 23, Abs. 3 Preß-G.).

Das Entgegnungsrecht ist nicht ausschließlich öffentlichrechtlicher Natur, trotz seiner Stellung im Kapitel „Preßpolizei". Der Gedanke, der Gefahr einseitiger Beeinflussung und Informierung infolge der gesetzlich anerkannten Freiheit der Meinungsäußerung durch Erzeugnisse der Druckerpresse dadurch zu begegnen, daß jeder durch das verbreitetste und wirksamste aller Preßerzeugnisse, die Zeitung, bezeichneten oder genannten Person das Recht eingeräumt wird, mit den gleichen Mitteln und unter den gleichen Umständen zu entgegnen, ist in der luxemburgischen Gesetzgebung und Rechtsprechung weitgehend verwirklicht worden. Nicht nur die Weigerung, eine Entgegnung aufzunehmen, ist unter Strafandrohung gestellt. Neben der Möglichkeit, im Falle der Weigerung des Verpflichteten die Entgegnung in der Zeitung zu veröffentlichen, durch Anzeige und Antragstellung die Einleitung eines auf Bestrafung des Beschuldigten gerichteten Verfahrens zu erreichen, ist der Entgegnungsberechtigte auch in der Lage, durch Teilnahme am Strafverfahren (als partie civile) und Stellung entsprechender Klaganträge eine Verurteilung des Beschuldigten zur Aufnahme der Entgegnung und evtl. zu Schadensersatz zu erreichen. Auch eine zivilrechtliche Klage auf Einrücken einer bestimmten Entgegnung in der Zeitung ist zulässig.

Die gesetzliche Voraussetzung für die Entstehung des Entgegnungsrechts ist in materieller Beziehung bereits vorhanden, wenn eine Person (bzw. ein Kollegium) in der Zeitung genannt oder bezeichnet worden ist, d. h. von ihr irgend etwas ausgesagt wird; der Entgegnungsberechtigte braucht in der Zeitung nicht angegriffen oder kritisiert zu sein[1]). Auch die Bezeichnung oder Nennung im Inseratenteil der Zeitung begründet ein Entgegnungsrecht[2]). Das Entgegnungsrecht ist „allgemein und absolut"[3]), über die Form, inhaltliche Fassung und die Zweckmäßigkeit seiner Entgegnung entscheidet der Berechtigte selbst. Da es sich um eine Entgegnung handelt (réponse), muß sie aber im Zusammenhang stehen mit den Aussagen, die im angezogenen Artikel über die genannte oder bezeichnete Person gemacht worden sind[4]).

Die Aufnahme in die Zeitung kann verweigert werden, wenn die Entgegnung gegen die Gesetze, die guten Sitten oder die berechtigten Interessen Dritter verstößt oder aber die Ehre des Journalisten verletzt, dessen Artikel zur Entgegnung Anlaß geboten hatte[5]). Die Strafgerichte haben daher bei der Prüfung der Frage, ob einer Entgegnung die Aufnahme in die Zeitung versagt werden durfte, Art und Form eines evtl. Angriffes wie auch die Bedürfnisse der Verteidigung der genannten oder bezeichneten Person zu würdigen[6]). Wird die Weigerung, eine Entgegnung aufzunehmen, als unbegründet verworfen, und somit das Vorliegen einer strafbaren Handlung bejaht, kann das Strafgericht den Beschuldigten — falls der Entgegnungsberechtigte dies fordert — auch zur Aufnahme der abgelehnten Entgegnung verurteilen und z. B. bestimmen, wann und wieviel Mal die Entgegnung abgedruckt werden muß[7]).

Der Umfang der Entgegnung ist auf die doppelte Ausdehnung des Artikels, auf den sie sich bezieht, in jedem Falle aber bis zu tausend Buchstaben festgesetzt; die Aufnahme hat kostenfrei zu erfolgen. Überschreitet die Entgegnung den festgesetzten Umfang, so ist sie trotzdem aufzunehmen,

---

[1]) Ob.Ger. 28. Juli 1883, Pascr. II, S. 218 u. Ob.Ger. (Cassation) 31. Juli 1919, Pascr. X, S. 521.

[2]) Ob.Ger. 28. Juli 1883, Pascr. II, S. 217.

[3]) So Ob.Ger. 28. Juli 1883, Pascr. II, S. 218 u. Bez.Ger. Lux. 5. II, 1901, Pascr. V, S. 440.

[4]) Vgl. dazu Pascr. V, S. 443.

[5]) So unter Bezugnahme auf die belgische Rechtsprechung und Literatur Bez.Ger. Lux. 5. II. 1901, Pascr. V, S. 440 und bereits Ob.Ger. 28. Juli 1883, Pascr. II, S. 219.

[6]) Vgl. Pascr. V, S. 441.

[7]) Ob.Ger. 28. Juli 1883, Pascr. II, S. 219. Vgl. dazu Anm. 2.

doch muß für die überschüssige Zahl von Zeilen der Insertionspreis entrichtet werden.

Die Entgegnung muß s p ä t e s t e n s in diejenige ordentliche Nummer der Zeitung eingerückt werden, die nach Ablauf eines Tages seit dem Zeitpunkt erscheint, in dem das die Entgegnung enthaltende Schriftstück im Büro der verpflichteten Zeitung abgegeben worden ist. Die Nichterfüllung dieser Bestimmung wird mit Geldstrafe bedroht (Art. 23, Abs. 4 Preß-G.). Die Weigerung der Aufnahme einer Entgegnung hat ferner die Verpflichtung zum E r s a t z d e s S c h a d e n s zur Folge, der nachgewiesen wird[1]). Das Delikt ist vollendet mit der Nichtveröffentlichung der Entgegnung in der entsprechenden Nummer[2]).

Hinsichtlich der F o r m der Ausübung des Entgegnungsrechtes stellt das Gesetz keine besonderen Erfordernisse auf. Doch ist Schriftform der Entgegnung zu fordern; die mündliche Abgabe einer Erklärung ist der schriftlich übermittelten Entgegnung nicht gleichzustellen und begründet keine Verpflichtung, das (mündlich) Erklärte in die Zeitung aufzunehmen[3]). Das die Entgegnung enthaltende Schriftstück kann auf jede vom Entgegnungsberechtigten gewählte Weise übermittelt werden; aus ihm müssen sich nur mit Sicherheit der I n h a l t des Schreibens und die P e r s o n d e s V e r f a s s e r s entnehmen lassen[4]). Eigenhändige Unterschrift ist nicht gefordert.

---

[1]) Ist der eine Person bezeichnende Artikel zugleich Tatbestand einer strafbaren Handlung, so können die Strafgerichte über die Höhe des entstandenen Schadens befinden; in den übrigen Fällen ist der Anspruch auf Ersatz des Schadens im Zivilverfahren geltend zu machen. Vgl. Ob.Ger. 28. Juli 1883, Pascr. II, S. 218, in welcher Entscheidung auch die Möglichkeit, den durch die Nichtaufnahme der Entgegnung entstandenen Schaden im Strafverfahren geltend zu machen, grundsätzlich offen gehalten, in dem zur Entscheidung stehenden Falle aber durch die Verurteilung des Beschuldigten zur dreimaligen Aufnahme der Entgegnung der durch die Weigerung entstandene Schaden als wiedergutgemacht erachtet wurde.

[2]) Ob.Ger. 31. Juli 1919, Pascr. X, S. 521. Die Verjährung beginnt somit erst mit diesem Zeitpunkt, nicht bereits mit Veröffentlichung des Artikels, der zur Entgegnung Anlaß bietet.

[3]) Art. 23 spricht von der A b g a b e der Entgegnung im Bureau der Zeitung, klarer der franz. Text: „dépôt au bureau du journal."

[4]) So Ob.Ger. 31. 7. 1919, Pascr. X, S. 521. In der gleichen Entscheidung wird die Auffassung zurückgewiesen, daß die Entgegnung durch den Gerichtsvollzieher zugestellt werden müsse.

Ebenso bestimmt das Gesetz weder die Stelle, an der die Entgegnung zu bringen ist, noch die Größe der beim Abdruck zu benutzenden Lettern. Da der Umfang des Artikels maßgebend ist für den Raum, den die Entgegnung einnehmen darf, ohne daß Gebühren dafür berechnet werden dürfen, ist anzunehmen, daß die Entgegnung in der gleichen Buchstabengröße zu bringen ist wie der Artikel, der zur Entgegnung Anlaß geboten hat. Hinsichtlich der Stelle, an der die Entgegnung zu bringen ist, werden die allgemeinen Grundsätze anzuwenden sein, die das Obergericht bezüglich der Form und des Inhalts der Entgegnung aufgestellt hat. Es entscheidet Art und Form des Angriffs und die Bedürfnisse der Abwehr.

IV. Kapitel.

Dienstbarmachung der Presse für staatliche Zwecke.

In beschränktem Umfang stellt die luxemburgische Gesetzgebung die Zeitung (nicht die sonstige periodische Presse) in den Dienst der Rechtspflege.

Auf Anordnung des Gerichts ist ein Urteil, das die Strafbarkeit eines Zeitungsartikels ausspricht, innerhalb einer vom Gericht festgesetzten Frist in der belangten Zeitung — ganz oder teilweise, je nach Anordnung des Gerichts — zu veröffentlichen (Art. 19, Preß-G.). Mit der herrschenden Praxis ist das Gericht auch als befugt anzusehen, die Seite bzw. die Stelle zu bestimmen, wo bzw. wievielmal das Urteil abzudrucken ist, sowie Anordnungen über den Umfang (Buchstabengröße usw.) zu erlassen.

Die Nichtbefolgung der auf Grund des Art. 19 Preß-G. erlassenen Anordnungen des Gerichts wird mit der gleichen Strafe bedroht wie die Nichtaufnahme einer Entgegnung. Die Pflicht, das Urteil zu veröffentlichen, erlischt nicht, wenn die Zeitung nicht mehr unter dem alten Titel erscheint, vielmehr ist die unter einem neuen Titel erscheinende Zeitung zur Aufnahme verpflichtet, wenn unzweifelhaft feststeht, „daß beide Zeitungen ein und dasselbe Organ sind, deren Tendenz, Redakteure, Drucker und Leserkreis dieselben geblieben sind"[1]. Die Veröffentlichung hat kostenlos zu erfolgen.

Eine gesetzliche Verpflichtung der Zeitungen, sonstige amtliche Bekanntmachungen und Verlautbarungen

[1]) Ob.Ger. 27. I. 1883, Pascr. II, S. 147.

aufzunehmen, besteht nicht. Dasselbe gilt von den auf Grund gerichtlicher Anordnungen zu veröffentlichenden Urteilen, z. B. bei Verurteilung wegen Nahrungsmittelverfälschung (Art. 457 und 502 StGB.) und in Beleidigungsprozessen, in denen dem Kläger die Befugnis eingeräumt wird, das Urteil oder den verfügenden Teil desselben in einer bestimmten Zeitung zu veröffentlichen[1]).

Eine Pflicht zur Lieferung sog. Bibliotheksexemplare besteht nicht.

V. Kapitel.

Das Preßstrafrecht.

A. Die strafrechtliche Verantwortung der Presse.

Die Preßfreiheit des Art. 24 der luxemburgischen Verfassung befreit die Presse nicht von ihrer strafrechtlichen Verantwortlichkeit. Auf alle mittels Preßerzeugnissen begangenen strafbaren Handlungen finden vielmehr die allgemeinen Strafgesetze Anwendung, sofern nicht im Preß-G. etwas Abweichendes bestimmt ist. Insbesondere gelten die Vorschriften des StGB. über Anstiftung als Fall der Mittäterschaft bzw. über die Beihilfe[2]).

Unter Preßdelikten sind nach luxemburgischen Recht nicht ausschließlich solche strafbaren Handlungen zu verstehen,

---

[1]) Eine offensichtliche Lücke im Gesetz, die dadurch entstanden ist, daß Art. 19 nur das belangte Zeitungsblatt (journal incriminé) zur Veröffentlichung verpflichtet. Schwierigkeiten haben sich in der Praxis m. W. bisher noch nicht ergeben. Schmit, Code pénal S. 1105, geht anscheinend davon aus, daß die Vorschriften des Art. 19 auch anwendbar sind, wenn einem Privatkläger die Befugnis eingeräumt ist, das verurteilende Erkenntnis zu veröffentlichen, indem er eine diesen Fall betreffende Entscheidung zur Kommentierung des Art. 19 anführt. In der angezogenen Entscheidung selbst (Pascr. VI, S. 202) ist aber Art. 19 Preß-G. weder erwähnt, noch die Entscheidung auf ihn gestützt.

[2]) Art. 1 verweist ausdrücklich auf Art. 60 des Code pénal alter Fassung. In das revidierte StGB. sind die Vorschriften des Art. 1 Preß-G. aufgenommen, insbesondere die Bestimmung, daß als Täter zu bestrafen ist, wer durch Schriften zur Begehung eines Verbrechens oder Vergehens unmittelbar angestiftet hat (Art. 66); als Gehilfe wird bestraft, wer zur Begehung eines Verbrechens oder Vergehens Anweisung gegeben hat (Art. 67 C. p.).

welche gegen die für die Presse aufgestellten Vorschriften verstoßen, also eine Sondergattung von Delikten darstellen (Preßpolizeidelikte), sondern auch alle diejenigen strafbaren Handlungen, zu deren Begehung Erzeugnisse der Druckerpresse unter Mißbrauch des Rechts der freien Meinungsäußerung gedient haben[1]).

Kraft ausdrücklicher Bestimmung des Art. 16 Preß-G. trifft die strafrechtliche und die zivilrechtliche Verantwortlichkeit für Preßdelikte grundsätzlich alle diejenigen, die entweder als Urheber oder als Miturheber oder als Teilnehmer zusammengewirkt haben.

Um jedoch der Presse in Erfüllung ihrer Aufgaben nicht eine zu schwere Verantwortung aufzubürden, die sie in ihrer Tätigkeit zu sehr hemmen würde, ist diese Haftung beim Vorliegen gewisser Bedingungen, die regelmäßig vorhanden sein werden, beschränkt. Ist der wirkliche Täter bekannt[2]), ist er Luxemburger und im Großherzogtum ansässig, so sind der Drucker, der Verleger und Verteiler sowie jeder andere Teilnehmer vor der gerichtlichen Verfolgung geschützt. Ehe sich das Gericht mit der Sache selbst befaßt, hat es vorher zu entscheiden, ob die als Urheber des Delikts angegebene Person auch der wirkliche Urheber ist[3]). Erst nachdem dieser gerichtlich als solcher erkannt ist, werden die übrigen Mittäter und Gehilfen (Drucker, Verleger, Verteiler) freigegeben (Art. 16, Abs. 3 Preß-G.)[4]).

---

[1]) Vgl. Ob.Ger. 5. I. 1917, Pascr. X, S. 5.

[2]) Art. 16, Abs. 2 spricht wie Art. 16, Abs. 1 schlechterdings nur vom „Urheber". Als solcher ist diejenige Person anzusehen, von der die gedanklichen Vorstellungen stammen und die das Manuskript verfaßt hat, falls sie auch die Veröffentlichung des Manuskripts verursachte. Urheber i. S. des Art. 16, Abs. 2 und somit ausschließlich verantwortlich kann auch derjenige sein, der ohne Vorwissen des Autors die Veröffentlichung eines Artikels bewirkt. Ob.Ger. 5. I. 1917, Pascr. X, S. 4.

[3]) Der Nachweis, daß eine bestimmte Person der wirkliche Verfasser ist, obliegt dem Drucker, Herausgeber. Die Erklärung oder das Geständnis der als wirklicher Täter bezeichneten Person sind nicht zwingend, vielmehr entscheidet das Gericht auf Grund der mündlichen Verhandlung nach freier Würdigung. Ob.Ger. 24. Mai 1913, Pascr. IX, S. 330.

[4]) Eine getrennte Entscheidung braucht jedoch nicht zu ergehen. Ob.Ger. 15. Mai 1909, Pascr. VIII, S. 287.

Das belgische System der Stufenhaftung ist jedoch in die luxemburgische Gesetzgebung nicht übernommen, sondern, wie aus der Entstehungsgeschichte einwandfrei festgestellt werden kann, abgelehnt worden[1]). Die luxemburgische Gesetzgebung hält an dem Grundsatz fest, daß bei Regelung von Preßdelikten die Vorschriften über Täterschaft bzw. Beihilfe in Anwendung zu bringen sind, mit der einzigen Ausnahme des Art. 16, Abs. 2, die durch Art. 24 der luxemburgischen Verfassung vorbestimmt war.

Drucker und Verbreiter einer Schrift haben sich zu versichern, daß ein im Großherzogtum ansässiger Autor in dem Augenblick vorhanden ist, in dem die Publikation erfolgt; für später eintretende, von ihrem Willen vollständig unabhängige Umstände sind sie nicht mehr verantwortlich und infolgedessen von jeder Haftung frei[2]).

B. Die besondere strafrechtliche Verantwortlichkeit des Druckers.

Die Ermittlung des Täters eines Preßdeliktes bietet erfahrungsgemäß besondere Schwierigkeiten; insbesondere ist die Führung des Nachweises seiner Schuld erschwert wegen der Möglichkeit, daß der Verfasser anonym oder pseudonym schreibt. Drucker und Verleger verweigern vielfach die Angabe des Verfassers oder vernichten das zur Überführung des Täters geeignete Manuskript. Um grundsätzlich eine verantwortliche Person zu haben, bestimmt Art. 16, Abs. 3, daß der Drucker in allen Fällen als „Urheber oder Miturheber" anzusehen ist, in denen der tatsächliche Urheber nicht ermittelt ist. Die Vermutung ist unwiderlegbar, es sei denn, daß der tatsächliche Urheber nachgewiesen wird[3]).

Bei den Beratungen über das Preß-G. wurde die Bestrafung des Druckers mit seinem „Fehler" begründet, seine Presse einem unbekannten Autor zur Verfügung zu stellen, der nicht Luxemburger sei und auch nicht im Großherzogtum wohne[4]).

Die strafrechtliche Haftung des Druckers ist indessen gemindert:

„Der Drucker kann jedoch nur zu zuchtpolizeilichen Strafen

---

[1]) So ausdrücklich Trib. Lux.-Stadt 18. Juni 1880, Pascr. I, S. 636.

[2]) Ob.Ger. 5. I. 1917, Pascr. X, S. 4.

[3]) Vgl. dazu die Ausführungen von Wurth bei den Beratungen über das Preß-G. C.R. 1868/1869, S. 1034.

[4]) C.R. 1868/1869, Annexes S. 327.

verurteilt werden, wenn ihm eine böswillige Absicht nicht zur Last gelegt werden kann" (Art. 16, Abs. 5). In allen übrigen Fällen treffen ihn die allgemeinen, für die Täterschaft angedrohten Strafen.

Die Bestimmung bedeutet zweifellos eine schwere Belastung des Druckers, vor deren Folgen er sich jedoch dadurch schützen kann, daß er sich vergewissert, ob der tatsächliche Verfasser im Zeitpunkt der Veröffentlichung im Großherzogtum ansässig ist.

C. Besondere Preßdelikte (i. e. Sinne).

a) Ausnahmevorschriften, die nur die Presse betreffen.

Im Interesse der öffentlichen Ordnung und zur Vermeidung von Störungen des friedlichen Zusammenlebens aller Kreise der Bevölkerung durch Mißbrauch der Preßfreiheit stellt das luxemburgische Preßrecht besondere Tatbestände auf, durch die bestimmte Meinungsäußerungen mittels Preßerzeugnissen unter Strafe gestellt werden, während auf andere Weise erfolgte, den gleichen Tatbestand betreffende Meinungsäußerungen straflos bleiben oder einer allgemeinen strafrechtlichen Beurteilung unterliegen (Preßdelikte i. e. Sinne).

Diese Strafvorschriften treffen in erster Linie die Zeitung, das wirksamste Mittel zur Beeinflussung der öffentlichen Meinung und der Verbreitung von Nachrichten, aber auch andere Preßerzeugnisse; alle diese Vorschriften sind Ausnahmebestimmungen, besondere Beschränkungen der Presse.

Strafbar ist:

a) die direkte und böswillige Verletzung oder Lächerlichmachung eines im Großherzogtum eingeführten Kultus in Zeitungen oder in ausgestellten oder verteilten Plakaten (Art. 12 Preß-G.)[1][2];

---

[1]) Unter „Kultus" sind nicht nur die einzelnen Kultushandlungen zu verstehen, sondern auch die Lehren der im Großherzogtum eingeführten Kulte, z. B. das Transsubstantiations-Dogma der kath. Kirche, Ob.Ger. 6 I. 1906 und 15. Mai 1909, Pascr. VII, S. 362 und VIII, S. 287 unter Hinweis auf die vorbereitenden Arbeiten zum Preß-G.

[2]) Gemäß Art. 144 lux. StGB. ist ferner die Beschimpfung von Gegenständen (objects) eines Kultus durch Handlungen, Worte, Gebärden, Drohungen, Schriften oder Zeichnungen unter

b) wissentlich falsche Angaben über Sitzungen der Kammer, des Staatsrats oder der Gerichte, wenn sie in Zeitungen oder anderen Druckschriften erfolgen (Art. 13 Preß-G.)[1];

c) die Berichterstattung über Sitzungen der Kammer, die bei verschlossenen Türen abgehalten werden, die „mittels der Presse erfolgt[2]) (Art. 14 Preß-G.);

d) die Veröffentlichung von falschen Tatsachen[3]), fabrizierten oder in lügenhafter Weise einem Dritten zugeschriebenen Aktenstücken, wodurch der öffentliche Friede oder das Vermögen und[4]) die Ehre der Staatsbürger gefährdet werden können, „mittels der Presse" (Art. 14 Preß-G.)[5]).

b) Sonstige, die Presse und bestimmte andere Publikationsmittel betreffende Ausnahmevorschriften.

Wie bereits ausgeführt, wird die Presse in der luxemburgischen Gesetzgebung in erster Linie als Publikationsmittel aufgefaßt. Mittels Preßerzeugnissen geäußerte gedankliche Vor-

---

Freiheits- und Geldstrafe gestellt, falls diese an dem zum Kultus bestimmten oder gewöhnlich dienenden Orte oder bei öffentlichen Feierlichkeiten desselben erfolgt.

[1]) Unberührt bleibt nach ausdrücklicher Vorschrift des Art. 12 Preß-G. das Recht der strafrechtlichen Verfolgung wegen Verleumdung oder Beleidigung, falls eine solche im Bericht enthalten ist.

[2]) Also mittels Erzeugnissen der Buchdruckerpresse. Vgl. Anm. 1, S. 11.

[3]) Unter Hinweis auf die franz. Gesetze vom 9. Nov. 1815, 27. Juli 1849 und 17. Febr. 1852, die bei den vorbereitenden Arbeiten zum lux. Preß-G. als Vorbild gedient haben, entschied das Ob.Ger. (27. 1. 1906, Pascr. VII, S. 359), daß der Ausdruck „falsche Tatsachen" (faits faux) mit „falsche Nachrichten" (fausses nouvelles) gleichzustellen ist.

[4]) Vgl. aber Ob.Ger. 27. 1. 1906, Pascr. VII S. 360 „soit la fortune ou l'honneur des citoyens". Art. 14 verlangt nicht, daß die Personen, deren Vermögen oder deren Ehre gefährdet werden können, speziell oder individuell bezeichnet werden; es genügt eine Gefährdung einzelner Kreise oder Klassen der Bevölkerung; auch eine tatsächliche Störung des öffentlichen Friedens ist nicht erforderlich. Ob.Ger. l. c.

[5]) Falls die Handlung bereits den Tatbestand eines anderen, mit höherer Strafe bedrohten Delikts darstellt, ist die höhere Strafe allein verwirkt (Art. 14 Preß-G.).

stellungen, durch die ein deliktischer Tatbestand erfüllt wird, werden — von den unter C a) bereits aufgeführten Fällen abgesehen — wie die auf andere Art zum Ausdruck gebrachten Meinungen behandelt. Infolge dieser prinzipiellen Gleichstellung mit anderen Publikationsmitteln ist, der kasuistischen Methode der luxemburgischen Strafgesetzgebung entsprechend, die strafbare Äußerung von gedanklichen Vorstellungen mittels der Presse regelmäßig dort als Form der Begehung in den Tatbestand des Deliktes mit aufgenommen, wo die (strafbare) Äußerung von gedanklichen Vorstellungen infolge der Begehungsweise, sei es der Form der Äußerung (Drohung, Rufe) oder der Umstände wegen, unter denen sie erfolgt (öffentlich, vor einer Versammlung), besonders geeignet ist, die öffentliche Ordnung und das friedliche Zusammenleben der Bürger zu stören.

Die „verschiedenen Publikationsmittel", von denen das Gesetz vom 20. Juli 1869 spricht, sind die Rede, die Schrift (Handschrift und die auf mechanischem Wege von handschriftlichen Erzeugnissen gewonnenen Vervielfältigungen handschriftlich angefertigter Zeichnungen und Darstellungen) sowie die Druckschrift (als Erzeugnis der Druckerpresse). Die deliktischen Tatbestände[1]), zu deren Begehung eine Meinungsäußerung mittels Druckerzeugnis oder Schrift, Druckerzeugnis oder Rede oder durch jedes der drei Publikationsmittel erforderlich ist, sind folgende:

a) Der böswillige Angriff auf die bindende Kraft der Verfassung oder der Gesetze, sowie die direkte Aufforderung zur Nichtachtung derselben, falls der Angriff oder die Aufforderung zur Nichtachtung durch Reden an öffentlichen Orten vor einer Versammlung von Personen, durch angeschlagene Plakate, durch gedruckte oder nichtgedruckte und verkaufte oder verteilte Schriften erfolgt (Artt. 2 und 1 Preß-G.);

b) der böswillige Angriff auf die verfassungsmäßige Gewalt des Großherzogs oder auf die Unverletzlichkeit seiner Person oder auf die verfassungsmäßigen Rechte seiner Dynastie oder auf die Rechte und die Gewalt der Abgeordnetenkammer, falls der Angriff

[1]) Der Strafrahmen ist aus den abgedruckten Gesetzestexten zu entnehmen.

auf eine der unter a) genannten Begehungsweisen erfolgt (Art. 3 Preß-G.);

c) die Beleidigung der Person des Großherzogs oder eines Mitglieds der großherzoglichen Familie durch Reden, Rufe oder Drohungen, an öffentlichen Orten oder in öffentlichen Versammlungen oder durch angeschlagene, verteilte oder verkaufte, zum Verkauf oder den Blicken des Publikums ausgestellte Schriften, Druckschriften, Bilder und Bildwerke irgendwelcher Art (Art. 5 Preß-G.).;

d) die Beleidigung fremder Souveräne oder Staatsoberhäupter sowie der böswillige Angriff auf deren Autorität, falls die Beleidigung oder der Angriff in einer der unter c) bezeichneten Arten erfolgt ist (Art. 5 Preß-G.);

e) die Verletzung der Sitten durch Lieder, Flugblätter, Bilder, Bildwerke, Schriften oder Druckschriften (Art. 11 Preß-G.)[1]).

D. Verjährung der Preßdelikte.

Nach Art. 24 verjährt die Verfolgung wegen „Übertretungen dieses Gesetzes" in drei Monaten vom Tage der Begehung oder des letzten gerichtlichen Akts an. Wie eben hervorgehoben, sind im Gesetz vom 20. Juli 1869 nicht nur preßrechtliche Tatbestände geregelt, sondern auch mündliche Meinungsäußerungen (Verbalinjurien, aufrührerische Rufe usw.[2]). Für sie gilt ebenfalls die Vorschrift des Artikel 24.

Preßvergehen[3]) sind in dem Zeitpunkt vollendet, in dem die erste strafbare Veröffentlichung erfolgte oder die erste Ver-

---

[1]) Ergänzt wird diese Vorschrift durch Art. 383 und 384 StGB. Art. 383 bestraft, wer den guten Sitten zuwiderlaufende Lieder, Flugschriften oder andere gedruckte oder nicht gedruckte Schriften, Figuren oder Bilder ausstellt, verkauft oder verteilt; Art. 384 den Urheber der Schrift, der Figur oder des Bildes, sowie denjenigen, welcher dieselben gedruckt oder durch irgendein künstliches Verfahren wieder hervorgebracht hat.

[2]) Ob.Ger. 18. Juli 1919, Pascr. X, S. 520; deshalb ist aber nicht die Bezeichnung „Preß-Delikt" anwendbar.

[3]) Art. 24 spricht von Übertretungen und Vergehen, doch sind diese Bezeichnungen nicht im engen Sinne des Art. 1 StGB. zu verstehen, vielmehr sind alle Zuwiderhandlungen, die durch Mißbrauch der Preßfreiheit begangen werden, auch die des allg. Strafrechts,

teilung an das Publikum stattgefunden hat (Art. 24, Abs. 2 Preß-G.).

Das dem Art. 29 des franz. Preßgesetzes von 1819 nachgebildete[1]) Privileg der verkürzten Verjährung gilt für Verbrechen, Vergehen, und auch für Übertretungen[2]), ferner ist es auch auf die Zivilklagen, denen ein deliktischer Tatbestand zugrunde liegt, einschließlich der Quasi-Vergehen, ausgedehnt (Art. 24, Abs. 3 Preß-G.)[3]).

E. Die Beschlagnahme von Druckschriften.

Preßerzeugnisse, deren Verteilung oder Ausstellung eine Verletzung des Gesetzes vom 20. Juli 1869 sind[4]), können auf Anordnung des Untersuchungsrichters, des Staatsanwalts oder des Friedensrichters beschlagnahmt werden[5]). Die Beschlagnahme erstreckt sich nicht auf die einzelnen Exemplare, die sich in Händen von Personen befinden, welche sie nicht zur Verfügung des Publikums stellen (Art. 26, Abs. 1 Preß-G.).

Die Beschlagnahme muß jedoch innerhalb von vier Tagen durch Verordnung der Ratskammer für gültig erklärt werden, sonst ist sie nichtig (Art. 26, Abs. 1). Diese Bestimmung ist ein gesetzlicher Schutz gegen Mißbrauch des Beschlagnahmerechts zu politischen oder polizeilichen Zwecken.

Der Konfiskation unterliegen kraft besonderer Vorschrift:

a) Beschlagnahmte Preßerzeugnisse, die den Vorschriften über die Ursprungsangabe nicht entsprechen (Art. 20, Abs. 3 Preß-G.);

Preßdelikte im Sinne des Art. 24 Preß-G., falls die Presse zu ihrer Begehung gedient hat und sie einen Mißbrauch von Gedankenäußerungen darstellen. Ob.Ger. 5. I. 1917, Pascr. X, S. 4.

[1]) Vgl. Ob.Ger. in Pascr. I, S. 538 „in Erwägung, daß unter der belgischen Gesetzgebung v. 20. Juli 1871 und der französischen vom 26. Mai 1819, denen Art. 24 des Preßgesetzes vom 20. Juli 1869 entnommen wurde . . .“

[2]) Vgl. Ob.Ger. 26. II. 1918, Pascr. X, S. 327.

[3]) Nicht sonstige zivile Schadensersatzklagen wegen Schädigung durch die Presse. Vgl. Pascr. X, S. 514 u. IX, S. 524.

[4]) Nicht hierher gehören daher die Fälle, in denen aus allgemeinen strafrechtlichen und strafprozeßrechtlichen Gründen eine Beschlagnahme erfolgt, z. B. eine gestohlene Auflage von Büchern.

[5]) Man spricht in diesen Fällen von einer „polizeilichen Einziehung“, vgl. Eyschen, Öffentl. Recht, S. 151.

b) Lotterielose, falls die Lotterie nicht genehmigt war, sowie Anzeigen und Anschläge über die nicht genehmigte Lotterie (StGB. Art. 303).

Daneben gelten die allgemeinen Vorschriften des Strafgesetzbuches über Beschlagnahme und Einziehung (StGB. Art. 42), insbesondere werden eingezogen:

1. Sachen, welche den Gegenstand der strafbaren Handlung gebildet, und diejenigen, welche zu deren Ausführung gedient haben oder zu dienen bestimmt waren, vorausgesetzt, daß sie Eigentum des Verurteilten sind (instrumenta sceleris),
2. Sachen, welche durch die Zuwiderhandlung hervorgebracht sind (producta sceleris).

Bei Verbrechen und Vergehen ist stets auf Einziehung zu erkennen (StGB. Art. 43).

F. Die übrigen Sondervorschriften über Bestrafung und Verfolgung der durch die Presse begangenen strafbaren Handlungen.

Eine strafrechtliche Besonderheit des luxemburgischen Preßrechts ist der Straferschwerungsgrund des Rückfalls. Tritt dieser im Laufe eines Jahres ein, so können die im Preß-G. angedrohten Strafen um die Hälfte des Strafmaximums verschärft werden (Art. 30 Preß-G.).

Andererseits ist der wegen eines eine Gefängnisstrafe nach sich ziehenden Preßdelikts verfolgte Beschuldigte privilegiert. Er darf, wenn er Luxemburger ist, nicht vor seiner kontradiktorischen oder Contumacial-Verurteilung eingekerkert werden. Der Richter ist nur befugt, gegen ihn einen Erscheinungsbefehl zu erlassen, der im Falle des Nichterscheinens in einen Vorführungsbefehl umgewandelt wird (Art. 25 Preß-G.).

Falls Angriffe, Verleumdungen und Schmähungen in fremden, d. h. nicht im Großherzogtum hergestellten Preßerzeugnissen erscheinen, können diejenigen, die die Artikel eingesandt oder deren Einrückung angeordnet haben, sowie solche Personen, die zur Einbringung dieser Preßerzeugnisse in das Großherzogtum oder zu deren Verteilung in demselben mitgewirkt haben, belangt werden (Art. 17 Preß-G.).

Im übrigen gelten die allgemeinen Vorschriften der Strafprozeßordnung, insbesondere werden alle Preßdelikte von den ordentlichen Gerichten abgeurteilt. Auch hinsichtlich des Gerichtstandes gelten keine besonderen Vorschriften. Die

Klage kann in jedem Gerichtsbezirk anhängig gemacht werden, in dem das Delikt begangen ist. Erwähnenswert ist, daß die luxemburgische Strafrechtspflege keine Beteiligung von Laien an der Urteilsfindung kennt. Die Zivil- und Strafgerichtsbarkeit ruht ausschließlich in Händen der rechtsgelehrten Richter.

Gemäß Art. 28 Preß-G. kann der Richter die Unterdrückung einer Druckschrift aussprechen, auf welche die Strafbestimmungen des Preß-G. anwendbar sind, auch wenn eine Verfolgung gegen die verantwortliche Person nicht statthaft ist.

Über Zeugniszwang zur Ermittlung eines anonymen Verfassers vgl. Kap. II D.

VI. Kapitel.

Das Preßgewerberecht.

A. Grundsätzliches.

Durch das Gesetz vom 20. Juli 1869 sind alle Sondervorschriften über Herstellung und Vertrieb von Preßerzeugnissen — Preßgewerberecht — beseitigt worden. Art. 24 der luxemburgischen Verfassung hatte bereits die Forderung einer Kautionsstellung von Verlegern, Druckern und Schriftstellern untersagt[1]).

Da in Luxemburg grundsätzlich Gewerbefreiheit besteht, ist die Einrichtung einer Druckerei und der Betrieb des Preßgewerbes lediglich den allgemeinen, im Interesse der öffentlichen Sicherheit (z. B. Feuerschutz), der Hygiene (Schutzvorrichtungen an Maschinen), sowie durch handelsrechtliche, steuerrechtliche, polizeiliche (Meldepflicht) und ähnliche allgemeine Vorschriften beschränkt.

Hinsichtlich der Besteuerung von Preßerzeugnissen hatte schon die luxemburgische Verfassung von 1868 die Stempelabgabe von inländischen Zeitungen und periodischen Schriften abgeschafft, hingegen bestand bis 1929 die Stempel-

---

[1]) Der Vorschlag, die Zahlungen von Geldbußen und Schadensersatzsummen wegen Preßvergehen durch ein Pfandrecht auf die Presse und das übrige Inventar der Druckerei zu sichern, wurde bei Schaffung des Preß-G. als indirekte Kautionsstellung abgelehnt. C.R. 1868/69, S. 1054.

gebühr für Plakate; sie wurde durch Gesetz vom 25. März 1929 beseitigt[1]).

Für den gewerbsmäßigen Vertrieb von Preßerzeugnissen gelten die allgemeinen, polizeilichen und steuerrechtlichen Vorschriften. Eine Besonderheit bietet nur der Vertrieb von Preßerzeugnissen im Umherziehen. In diesem Falle ist eine besondere Genehmigung erforderlich, da nach der luxemburgischen Gesetzgebung[2]) jeder Hausierhandel in Straßen, Wirtshäusern und Privathäusern grundsätzlich verboten ist. Für bestimmte Waren (zu denen auch Druckschriften gehören) ist der Vertrieb im Umherziehen, falls ein Hausier-Erlaubnisschein durch die Behörden erteilt ist, gestattet. Bedingung der Erlaubniserteilung ist jedoch, daß die öffentliche Sittlichkeit und das stehende Gewerbe nicht beeinträchtigt werden. Die Voraussetzungen für die Erteilung der Hausierscheine sind gesetzlich festgelegt und im wesentlichen durch steuerliche Rücksichten beeinflußt.

In der Praxis hat diese gegenwärtige Regelung zu besonderen Beanstandungen bisher keinen Anlaß geboten. Die an sich schon beschränkte Bedeutung des Gewerbebetriebs im Umherziehen ist für das Preßgewerbe übrigens sehr gering.

B. Die Pflicht der Post zur Beförderung und zum Vertrieb politischer Zeitungen.

Die Beförderung von politischen Zeitungen war gemäß Art. 1 des Gesetzes vom 4. Mai 1877 über den Postdienst (Memorial 1877, S. 457) Monopol der Postverwaltung. Eine Ausnahme wurde nur für politische Zeitungen gemacht, welche durch die Verleger in den Ursprungsorten selbst zur Bestellung gelangten, und für Zeitungen, welche Privatpersonen

---

[1]) Memorial 1929, S. 223. Stempelpflichtig waren sämtliche Plakate „ohne Unterschied, insbesondere diejenigen auf Papier, gedruckte oder handschriftliche, ferner die auf Leinwand, Holz, Glas, Metall oder andere Stoffe gemalten oder sonstwie hergestellten", ferner Lichtanzeigen. Art. 1 des Großh. Beschlusses vom 30. Okt. 1915 über die Erhebung von Stempelgebühren für öffentliche Anschläge. Memorial 1915, S. 988.

[2]) Gesetz vom 1. Januar 1850 über den Hausierhandel (Loi de 1er janvier 1850 sur le colportage) Memorial 1850, S. 33, mit Ergänzungen und Abänderungen vom 12. II. 1855 (Memorial S. 50), 22. Juni 1870 „Gesetz über das Wandergewerbe" (Memorial S. 93) und 14. März 1896 (Memorial S. 147).

von dem benachbarten Postamte abholen oder nach demselben bringen ließen, sowie für Zeitungspakete über ein Kilo unter bestimmten Voraussetzungen. Dieses ausschließliche Recht der Postverwaltung ist jedoch durch „Gesetz vom 26. Juni 1927, wodurch das Gesetz vom 4. Mai 1877 über den Postdienst abgeändert wird" (Memorial 1927, S. 483) beseitigt worden[1]).

Die Vorschriften über den Abonnementsdienst der Zeitungen sind ebenfalls geändert worden. Während in früheren Ausführungsbestimmungen zum Gesetz über den Postdienst ausdrücklich die Verpflichtung der Postverwaltung ausgesprochen wurde, jedem Auftrag auf Abonnement auf Zeitungen im Inlande Folge zu leisten[2]), ist in der neuesten Fassung des Reglements dieser Passus nicht mehr aufgenommen, ohne daß jedoch seine Weglassung eine Änderung in der Sache selbst bedeutet. Gem. Art. 141 des allg. Reglements über den Postdienst von 1925[3]) befaßt sich die Postverwaltung mit der Annahme aller Bestellungen auf solche inländische Zeitungen und Zeitschriften, deren Verleger den Postabonnementsdienst angenommen haben, und besorgt deren Versand sowie die regelmäßige Zustellung an die Abonnenten. Die Bedingungen für den Abonnementsdienst sind für alle Verleger und alle Zeitungen gleich und so ausgestaltet, daß eine Benachteiligung einer Zeitung wegen ihrer politischen Richtung ausgeschlossen ist.

Jeder im Ausland gedruckten Zeitung oder periodischen Schrift kann jedoch das Bezirksgericht in seiner Zusammensetzung als Ratskammer den Postdebit zeitweilig entziehen, wenn sie einen oder mehrere, ein Preßvergehen enthaltenden Artikel veröffentlicht hat. Gegen diesen Beschluß können Redakteur, Verleger oder Drucker Einspruch bei der Staatsanwaltschaft erheben; über diesen entscheidet das Gericht in öffentlicher Verhandlung (Art. 29 Preß-G.).

---

[1]) Vgl. Drucksachen der Abgeordnetenkammer Sitzungsperiode 1926 bis 1927 Nr. 113. Auf Beseitigung des Postmonopols für politische Zeitungen zielende Anträge waren bereits 1905 gestellt, aber abgelehnt worden. C.R. 1905/06, S. 517.

[2]) Z. B. Kgl. Großh. Beschluß vom 31. Aug. 1877, durch welchen das allgemeine Reglement über den Postdienst bestimmt wird, Art. 93.

[3]) Großh. Beschluß vom 17. September 1925, durch welchen das allgemeine Reglement über den Postdienst im Inlande bestimmt wird (Memorial 1925, S. 605).

VII. Kapitel.

Das Recht des Journalisten.

Zu den „Journalisten" gehören die festangestellten Redakteure oder Schriftleiter sowie ihre Gehilfen, sofern diese ihre Tätigkeit als Hauptberuf ausüben. Die freien, für Zeilen- oder Artikelhonorar tätigen Mitarbeiter werden nicht zu den Journalisten gerechnet (vgl. IX. Kapitel).

Für das arbeitsrechtliche Verhältnis der Journalisten gelten die allgemeinen Vorschriften des Code civil (in lux. Fortbildung). In Vorbereitung sind Gesetze über den kollektiven Arbeitsvertrag, die sich auf solche Arbeitsverhältnisse erstrecken sollen, die die Leistung von Diensten höherer Art zum Gegenstand haben, sowie ein Privatbeamtenstatut und ein Gesetz über die Versicherung von Privatbeamten, durch die auch die arbeitsrechtliche Stellung der Journalisten Änderungen erfahren wird.

Für die freien Mitarbeiter gelten ebenfalls die allgemeinen bürgerlichrechtlichen Vorschriften; der Gesetzgeber hat bisher über den Verlagsvertrag keine besonderen Bestimmungen erlassen.

Sondervorschriften für ausländische Korrespondenten bestehen nicht; die ausländischen Zeitungen werden durch Luxemburger bedient, wie auch umgekehrt die luxemburgischen Zeitungen keine eigenen Auslandskorrespondenten unterhalten.

VIII. Kapitel.

Der Rechtsschutz des Pressenachrichtenwesens.

Besondere Vorschriften, durch die eine unbefugte Verwertung von Nachrichten verhindert werden soll, bestehen nicht.

Soweit nicht die allgemeinen Vorschriften des Strafgesetzbuches (etwa Diebstahl des Manuskripts, der Bürstenabzüge) anwendbar sind und das Gesetz vom 5. Juli 1929, betreffend den unlauteren Wettbewerb[1]), nicht Platz greift, dessen Art. 5 die Preisgabe von Geschäftsgeheimnissen zum Zwecke der Konkurrenz durch Angestellte, Arbeiter usw. unter Strafe stellt, kommen noch die Vorschriften über das Urheberrecht[2]) in Frage. Diese Vorschriften bieten aber nur

---

1) Memorial 1929, S. 643.

2) Gesetz vom 10. Mai 1898, das Urheberrecht betreffend, Memorial 1898, S. 209.

einen mangelhaften Schutz, weil sie nur die unbefugte Wiedergabe von Schriftwerken, Bildern, plastischen und graphischen Werken verbieten.

In Luxemburg besteht zur Zeit keine Rundfunksendestation. Das „Gesetz vom 19. 12. 1929, betreffend die im Großherzogtum bestehenden oder zu errichtenden Rundfunksendestationen" hat jedoch vorsorglich in Artt. 3 und 5 die durch diese Stationen zu befördernden persönlichen Mitteilungen hinsichtlich der Behandlung und des Dienstgeheimnisses den durch Drahtleitung zu befördernden Mitteilungen gleichgestellt und die Abfangung von Privatkorrespondenzen, sowie deren Bekanntgabe oder Veröffentlichung unter Strafe gestellt, selbst wenn diese unfreiwillig zur Kenntnis gekommen sind. Diese Vorschriften gelten aber nur für Sendestationen in Luxemburg. Mitteilungen ausländischer Sender sind bisher nicht geschützt, ebensowenig deren Nachrichten im Unterhaltungsrundfunk.

IX. Kapitel.

Verbände der Presse.

A. Verein luxemburgischer Journalisten Luxemburg (nur Berufsjournalisten, nicht freie Mitarbeiter umfassend).

B. Verein luxemburgischer Buchdruckereien Luxemburg (Verleger, Zeitungsverleger und sonstige Arbeitgeber im Druckereigewerbe umfassend).

Anhang.

Der Wortlaut der luxemburgischen Preßgesetze.

I. Verfassung des Großherzogtums Luxemburg vom 17. Oktober 1868.

Art. 24.

Die Freiheit, seine Meinung in allen Dingen durchs Wort kund zu geben, sowie die Freiheit der Presse sind gewährleistet, vorbehaltlich der Straf-Maßregeln gegen die Vergehen, welche bei Gelegenheit der Ausübung dieser Freiheiten begangen werden. — Die Zensur bleibt für immer aufgehoben. Kautionen können weder von den Schriftstellern, noch von den Verlegern oder Druckern gefordert werden. — Die Stempelabgabe von inländischen Zeitungen und periodischen Schriften ist abgeschafft. — Der Verleger, der Drucker oder Verteiler darf nicht verfolgt werden, wenn der Verfasser bekannt ist, wenn er Luxemburger und im Großherzogtum ansässig ist.

Gesetz vom 20. Juli 1869 über die Presse und die durch die verschiedenen Publications-Mittel begangenen Vergehen.

Capitel I.

Durch die Presse oder auf jede andere Publications-Weise begangene Vergehen:

Art. 1.

Abgesehen von den Bestimmungen des Art. 60 des Strafgesetzbuches[1]), und für alle durch dieses Gesetzbuch nicht speciell vorgesehenen Fälle, werden als Mitschuldige an jedem begangenen Verbrechen oder Vergehen betrachtet: diejenigen, welche durch Reden an öffentlichen Orten vor einer Versammlung von Personen, durch angeschlagene Placate, oder durch gedruckte oder nicht gedruckte und verkaufte oder ausgeteilte Schriften direct zu deren Verübung aufgefordert haben.

Diese Bestimmung kommt ebenfalls in Anwendung, wenn die Aufforderung nur den Versuch eines Verbrechens oder Vergehens zur Folge hatte. Dies gemäß Art. 2 und 3 des Strafgesetzbuches[2]).

---

[1]) Art. 66, 67 des revidierten Code pénal v. 16. Juni 1879 (Memorial 1879, S. 589 ff.).

[2]) Art. 51—53 des revidierten Code pénal.

Ist die Aufforderung ohne weitere Folge geblieben, oder wird der Versuch des Vergehens, wozu dieselbe gereizt, durch die Strafgesetze nicht geahndet, so wird der Urheber der Aufforderung mit einer Buße von fünfzig Franken bis zu fünfhundert Franken und einer Gefängnisstrafe von acht Tagen bis zu einem Jahr bestraft, ohne daß jedoch die Strafe höher als diejenige des Vergehens selbst sein dürfe.

Art. 2.

Wer in einer der durch Art. 1 angegebenen Weise die bindende Kraft der Verfassung oder der Gesetze böswillig angegriffen oder direct zu deren Nichtachtung aufgefordert hat, verfällt in die durch § 3 des Art. 1 vorgesehenen Strafen.

Diese Bestimmung beeinträchtigt die Freiheit der Klage oder der Verteidigung vor den Gerichten und jeder sonstigen constituierten Behörde nicht.

Art. 3.

Wer in einer der durch Art. 1 angegebenen Weise entweder die verfassungsmäßige Gewalt des König-Großherzogs, oder die Unverletzlichkeit seiner Person, oder die verfassungsmäßigen Rechte seiner Dynastie, oder die Rechte und die Gewalt der Kammer der Abgeordneten böswillig angegriffen hat, wird mit Gefängnis von drei Monaten bis zu drei Jahren und mit einer Buße von hundert Franken bis zu dreitausend Franken bestraft.

Art. 4.

Mit der im vorigen Artikel angedrohten Strafe wird belegt, wer sich einer Beleidigung gegen die Person des König-Großherzogs schuldig gemacht, es sei durch Reden, Rufe oder Drohungen an öffentlichen Orten oder in öffentlichen Versammlungen, oder durch angeschlagene, ausgetheilte, oder verkaufte, zum Verkauf oder den Blicken des Publikums ausgestellte Schriften, Druckschriften, Bilder und Bildwerke irgend welcher Art.

Wer sich in irgend gleicher Weise einer Beleidigung gegen die Mitglieder der Königlichen Familie schuldig gemacht, wird mit Gefängnis von einem Monat bis zu zwei Jahren und einer Buße von fünfzig Franken bis zu zweitausend Franken bestraft.

Art. 5.

Wer sich auf eine der im vorigen Artikel aufgezählten Weisen einer Beleidigung gegen die Person eines fremden Souverains oder Staatsoberhauptes schuldig gemacht, oder deren Autorität böswillig angegriffen, wird mit einer Buße von hundert Franken bis zu zweitausend Franken und mit Gefängnis von einem Monat bis zu einem Jahre bestraft.

Art. 6.

Die Verläumdung oder Schmähung gegen öffentliche Beamten, oder gegen mit der öffentlichen Gewalt betraute Collegien, oder Agenten der öffentlichen Gewalt, oder gegen jedes sonstige constituierte Collegium oder eines seiner Mitglieder, wird in der nämlichen Weise belangt und bestraft, wie die gegen Privatpersonen gerichtete Verläumdung oder Schmähung, vorbehaltlich dessen, was in Hinsicht darauf durch nachfolgende Bestimmungen festgestellt wird.

Art. 7.

Der auf Grund von Beschuldigungen gegen die Inhaber oder Agenten der Gewalt, oder gegen irgend eine mit einem öffentlichen Charakter bekleidete Person, oder gegen ein ganzes constituiertes Collegium wegen Thatsachen, die deren Amtspflichten betreffen, eines Vergehens der Verläumdung Angeklagte wird zugelassen, den Beweis der den Gegenstand der Beschuldigung ausmachenden Thatsachen in jeder üblichen Weise beizubringen, unbeschadet des in der nämlichen Weise beizubringenden Gegenbeweises.

Handelt es sich um eine ins Privatleben gehörige Thatsache, so kann der Urheber der Beschuldigung zu seiner Verteidigung keinen anderen Beweis beibringen, als einen solchen, welcher aus einem Urtheile oder einem sonstigen authentischen Actenstücke hervorgeht.

Wenn die den Gegenstand der Beschuldigung ausmachende Thatsache selbst Gegenstand eines Repressiv-Verfahrens oder einer Denunciation ist, worüber noch nicht entschieden ist, so wird die Klage wegen Verläumdung bis zum Endurtheil oder bis zur endgültigen Entscheidung der competenten Behörde aufgeschoben.

Art. 8.

Der Beweis der den Gegenstand der Beschuldigung ausmachenden Thatsachen schützt den Urheber der Beschuldigung gegen jegliche Strafe und Schadenersatz, dies unbeschadet der gegen jede nicht nothwendigerweise von den nämlichen Thatsachen abhängigen Schmähung ausgesprochenen Strafen.

Art. 9.

Beim Repressiv-Verfahren wird der Beweis, unter Strafe des Verfalles, beim ersten Erscheinen vor Gericht anerboten. Das Urtheil, welches den Beweis gestattet, wird den Gegenstand desselben bestimmen.

Innerhalb acht Tage vom Erlasse des Urtheils wird der Beschuldigte dem öffentlichen Ministerium und der Civilpartei zustellen lassen:

1. Abschrift der Stücke, wovon er beabsichtigt Gebrauch zu machen, ohne gehalten zu sein dieselben zu diesem Behufe stempeln oder einregistrieren zu lassen:

2. Namen, Stand und Wohnsitz der Zeugen, durch welche er seinen Beweis zu führen gedenkt.

Diese Zustellung wird bei Strafe des Verfalles die Wahl eines Domicils in der Gemeinde, worin der Gerichts- oder Obergerichtshof seinen Sitz hat, enthalten.

Innerhalb vierzehn Tage vom Erlasse besagten Urtheils und ebenso bei Strafe des Verfalles sind das öffentliche Ministerium und die Civilpartei gehalten dem Beschuldigten im gewählten Domicil Abschrift der Stücke, sowie Namen, Stand und Wohnsitz der Zeugen, durch welche sie den Gegenbeweis zu führen gedenken, zustellen zu lassen, ohne daß diese Stücke weder zu stempeln, noch einzuregistrieren seien.

Findet die Verhandlung vor einem Civilgericht statt, so geschieht die Beweisführung gemäß den Bestimmungen der Civilprozeßordnung.

Art. 10.

Die durch die Presse begangenen Vergehen der Schmähung und der Verläumdung können nur auf Klage der verläumdeten oder geschmähten Partei belangt werden. Jedoch können die Vergehen der Beleidigung, Schmähung oder Verläumdung des König-Großherzogs, der Mitglieder seiner Familie, der fremden Souveraine oder Staatsoberhäupter, der mit der öffentlichen Gewalt betrauten Collegien, Personen, oder Agenten der öffentlichen Gewalt in ihrer Eigenschaft oder wegen ihrer Amtspflichten, ex officio belangt werden.

Ist dies Verfahren auf Klage der verletzten Partei eingeleitet worden, so kann letztere durch ihre Abstandnahme dasselbe niederschlagen.

Art. 11.

Die durch Lieder, Flugblätter, Figuren, Bilder, Bildwerke, Schriften oder Druckschriften begangene Verletzung der Sitten wird mit den in § 3 des Art. 1 dieses Gesetzes angedrohten Strafen belegt.

Art. 12.

Den nämlichen Strafen verfallen diejenigen, welche einen im Großherzogthum eingeführten Cultus durch directe und böswillige, in Zeitungen oder in ausgestellte oder vertheilte Placate aufgenommene Angriffe verletzen oder lächerlich machen.

Art. 13.

Die wissentlich falsche Angabe in einem durch die Zeitungen oder andere Druckschriften über die Sitzungen der Kammer oder des Staatsrathes, die Audienzen der Gerichts- oder Obergerichtshöfe gelieferten Berichte wird mit einer Buße von zwanzig Franken bis zu fünfhundert Franken bestraft, unbeschadet der Repression der Verläumdungen oder Schmähungen, die der Bericht enthalten mag.

Art. 14.

Diejenigen, welche mittels der Presse über die bei geschlossenen Thüren gehaltenen Sitzungen der Kammer Bericht erstattet haben, diejenigen, welche auf dem nämlichen Wege, wissentlich falsche Tatsachen, fabricierte oder in lügenhafter Weise einem dritten zugeschriebene Aktenstücke, wodurch der öffentliche Friede oder das Vermögen und die Ehre der Staatsbürger können gefährdet werden, veröffentlicht haben, werden mit einer Buße von fünfzig Franken bis zu fünfhundert Franken und mit Gefängnis von acht Tagen bis zu sechs Monaten bestraft, es sei denn, daß die Handlung einer höheren Strafe unterliege, und in diesem Falle bleibt letztere allein anwendbar.

Art. 15.

Mit einer Buße von fünfundzwanzig Franken bis zu hundert Franken und Gefängnis von acht Tagen bis zu sechs Monaten, vorbehaltlich jeder stärkeren Strafe, welche verwirkt werden könnte, werden bestraft:

1. jegliche öffentlich stattgefundene aufrüherische Rufe;
2. die öffentliche Ausstellung, die Vertheilung, der Verkauf, das Feilbieten oder das offene Tragen jeglicher Abzeichen und Sinnbilder, welche geeignet sind, Rebellion hervorzurufen oder den öffentlichen Frieden zu stören.

Art. 15 bis.

Es ist verboten Subskriptionen und Kollekten, seien dies Hauskollekten oder andere, zum Zweck der Entschädigung für Bußen, Gerichtskosten und Schadenersatz infolge gerichtlicher Verurteilungen zu eröffnen oder öffentlich anzukündigen. Zuwiderhandlungen gegen dieses Verbot werden mit einer Gefängnisstrafe von 8 Tagen bis zu 6 Monaten und mit einer Geldbuße von 100 Fr. bis 1000 Fr., oder mit nur einer dieser Strafen geahndet[1]).

Art. 16.

Die strafrechtliche und die bürgerliche Verantwortlichkeit der Preßvergehen trifft alle diejenigen, welche entweder als Urheber, oder als Miturheber, oder als Theilnehmer zusammengewirkt haben.

Ist jedoch der Urheber bekannt, ist er Luxemburger und im Großherzogtum ansässig, so sind der Drucker, der Verleger und Vertheiler, sowie jeder andere Theilnehmer vor der gerichtlichen Verfolgung geborgen.

---

[1]) Eingefügt durch Gesetz v. 1. Mai 1914, betreffend das Verbot Subskriptionen oder Kollekten zum Zweck der Entschädigung für Bußen, Gerichtskosten und Schadenersatz infolge gerichtlicher Verurteilungen öffentlich anzukündigen oder zu eröffnen. Memorial 1914, S. 462.

Ehe sich das Gericht mit der Sache selbst befaßt, wird es entscheiden, ob die als Urheber des Vergehens dargestellte Person der wirkliche Urheber ist. Der Drucker, der Verleger und Vertheiler werden vom Verfahren nicht eher freigegeben, bis der Urheber gerichtlich als solcher erkannt ist.

Außer dem durch § 2 dieses Artikels vorgesehenen Falle wird der Drucker gesetzlich als Urheber oder Miturheber des Vergehens angesehen.

Der Drucker kann jedoch nur zu zuchtpolizeilichen Strafen verurtheilt werden, wenn ihm eine böswillige Absicht nicht zur Last gelegt werden kann.

Art. 17.

Die durch fremde Preßerzeugnisse zur Öffentlichkeit gelangten Angriffe, Verläumdungen oder Schmähungen können gegen diejenigen belangt werden, welche die Artikel eingesandt oder die Einrückung angeordnet, oder zur Einbringung besagter Preßerzeugnisse ins Großherzogthum oder zu deren Vertheilung in demselben mitgewirkt haben.

Art. 18.

Als Entschuldigungs- oder Rechtfertigungsgrund kann keiner geltend machen, daß die Schriften, Druckschriften, Bilder oder Bildwerke blos eine Reproduction bereits im Großherzogthum oder im Ausland stattgehabter Publicationen sind.

Art. 19.

Das Gericht kann verordnen, daß das Urtheil, wodurch die Strafbarkeit eines Artikels anerkannt worden ist, im belangten Zeitungsblatte theilweise oder ganz veröffentlicht werde.

Die Weigerung der Publication innerhalb der vom Richter anberaumten Frist wird gemäß hiernächstfolgendem Art. 23 bestraft.

Capitel II.

Preßpolizei.

Art. 20.

Jedes Preßerzeugnis muß in sichtlicher Weise die richtige Angabe des Namens und des Wohnsitzes des Druckers an sich tragen.

Kleinere, durch die Bedürfnisse des Handels oder die gesellschaftlichen Verhältnisse bedingte Drucksachen, als Formulare, Etiketten, Visitenkarten u. dgl. sind dieser Formalität enthoben.

Im Falle der Zuwiderhandlung werden die in Beschlag genommenen Exemplare confisciert.

Art. 21.

Bei Beginn der Vertheilung und Veröffentlichung jeden Blattes oder jeder Lieferung einer Zeitung oder periodischen Schrift wird dem General-Director, dem Parket des Obergerichtes und dem Parket des Bezirksgerichtes ein Exemplar eingereicht. Findet der Druck nicht im Hauptorte des Bezirkes statt, so wird außerdem ein Exemplar bei einem vom General-Director zu bezeichnenden Beamten hinterlegt.

Diese Hinterlegung soll die Versendung oder Vertheilung der Zeitung nicht verschieben noch aufhalten.

Wenigstens vierundzwanzig Stunden vor der Vertheilung und Veröffentlichung soll ein Exemplar jeder Schrift oder jeden Druckwerkes unter zwanzig Druckbogen dem General-Director des betreffenden Dienstes und den vorhin bezeichneten Behörden eingereicht werden.

Drucksachen, welche zu der im obigen Artikel vorgesehenen Ausnahme gehören, sind dieser Formalität überhoben.

Art. 22.

Für jede Übertretung der beiden vorangehenden Bestimmungen wird gegen den Drucker, und in Ermanglung desselben gegen den Vertheiler, auf eine Buße von zwanzig Franken bis zu zweihundert Franken und eine Gefängnisstrafe von einem Tage bis zu vierzehn Tagen erkannt.

Art. 23.

Jede in einer Zeitung namentlich oder indirect bezeichnete Person hat das Recht in dieselbe eine Entgegnung von der doppelten Ausdehnung des Artikels, worauf sie sich bezieht, und welche jeden Falls tausend Lettern enthalten darf, kostenfrei aufnehmen zu lassen.

Im Falle eines Überschusses wird bloß für den Mehrbetrag an Zeilen der Insertionspreis entrichtet.

Das nämliche Recht steht den constituierten Collegien, sowie den im obigen Art. 6 erwähnten Personen in Betreff von Handlungen zu, welche zu ihren Amtsbefugnissen gehören, auch dann sogar, wenn keine Person bezeichnet worden wäre.

Die fragliche Entgegnung wird spätestens in die ordentliche Nummer der Zeitung, welche nach Verlauf eines ganzen Tages nach Abgabe im Büreau der Zeitung erscheint, eingerückt, dies bei Strafe einer Buße von fünfzig Franken bis zu tausend Franken gegen den Drucker.

Capitel III.

Allgemeine Bestimmungen.

Art. 24.

Das Recht zur Verfolgung der Übertretungen dieses Gesetzes verjährt in drei Monaten vom Tage des Vergehens oder demjenigen des letzten gerichtlichen Actes ab.

Das Vergehen gilt als begangen von dem Tage ab, an welchem die erste incriminierte Veröffentlichung oder die erste Vertheilung ans Publicum stattgefunden hat.

Die auf Grund einer durch die Presse begangenen Handlung eingebrachte Civilklage unterliegt der nämlichen Verjährung, auch wenn sie nur auf ein Quasi-Vergehen gegründet wäre.

Art. 25.

Der eines durch die Presse, nur Gefängnisstrafe nach sich ziehenden Vergehens Beschuldigte, darf, wenn er Luxemburger ist, nicht vor seiner contradictorischen oder Contumacial-Verurtheilung eingekerkert werden. In diesem Falle erläßt der Richter gegen ihn nur einen Erscheinungsbefehl, welcher, im Falle des Nichterscheinens, in einen Vorführungsbefehl umgewandelt wird.

Art. 26.

Diejenigen Schriften oder Preßerzeugnisse, sowie diejenigen Bilder, Bildwerke, Bildnisse, deren Vertheilung oder Ausstellung eine Verletzung dieses Gesetzes ist, können auf Anordnung des Untersuchungsrichters, des Staatsanwaltes oder des Friedensrichters mit Beschlag belegt werden. Die Beschlagnahme wird sich nicht auf die vereinzelten Exemplare erstrecken, die sich in den Händen von Personen befinden, welche dieselben nicht zur Verfügung des Publicums stellen.

Die Beschlagnahme muß, bei Strafe der Nichtigkeit, innerhalb vier Tage durch Verordnung der Rathskammer für gültig erklärt werden.

Art. 27.

Auf gegenwärtiges Gesetz sind anwendbar die Art. 1, 2, 3 und 4 des Gesetzes vom 9. December 1862 und der Art. 365 der Criminalproceßordnung.

Art. 28.

Der Richter kann die Unterdrückung jeder Schrift oder Druckschrift aussprechen, auf welche die Strafbestimmungen dieses Gesetzes anwendbar sind, wenn auch eine Verfolgung gegen die verantwortliche Person nicht statthaft ist.

Art. 29.

Das Bezirksgericht als Rathskammer kann jeder im Ausland gedruckten Zeitung oder periodischen Schrift, welche einen oder mehrere ein Preßvergehen enthaltende Artikel veröffentlicht hat, den Postdebit zeitweilig entziehen.

Der Redacteur, Drucker oder Verleger der untersagten Zeitung oder Zeitschrift kann durch einen dem öffentlichen Ministerium zugestellten Act Einsprache dagegen erheben. Über diese Opposition wird in öffentlicher Audienz entschieden.

Art. 30.

Tritt im Laufe des Jahres Rückfall ein, so können die durch gegenwärtiges Gesetz angedrohten Strafen um die Hälfte des Maximums verschärft werden.

Art. 31.

(Aufhebung entgegenstehender Bestimmungen früherer Gesetze.)

[illegible]

Band IV

[illegible]

Band V

[illegible]

Verlag von Georg Stilke, Berlin NW

FSC
www.fsc.org
MIX
Papier | Fördert gute Waldnutzung
FSC® C083411

Kolibri 360 GmbH
Ferdinand-Jühlke-Straße 7
99095 Erfurt, Deutschland
produktsicherheit@kolibri360.de

FSC
www.fsc.org
MIX
Papier | Fördert
gute Waldnutzung
FSC® C083411

Kolibri 360 GmbH
Ferdinand-Jühlke-Straße 7
99095 Erfurt, Deutschland
produktsicherheit@kolibri360.de